Sammlung Luchterhand 357

D1276769

Peter Härtling
Nachgetragene Liebe

Luchterhand

Sammlung Luchterhand, März 1982

© 1980 by Hermann Luchterhand Verlag
GmbH & Co. KG, Darmstadt und Neuwied
Lektorat: Klaus Siblewski
Umschlaggestaltung: Kalle Giese
Herstellung: Martin Faust
Gesamtherstellung bei der
Druck- und Verlags-Gesellschaft mbH, Darmstadt
ISBN 3-472-61357-2

*Für meine Kinder*

In der Luft, da bleibt deine Wurzel, da,
in der Luft.

*Paul Celan*

Mein Vater hinterließ mir eine Nickelbrille, eine goldene Taschenuhr und ein Notizbuch, das er aus grauem Papier gefaltet und in das er nichts eingetragen hatte als ein Gedicht Eichendorffs, ein paar bissige Bemerkungen Nestroys und die Adressen von zwei mir Unbekannten. Er hinterließ mich mit einer Geschichte, die ich seit dreißig Jahren nicht zu Ende schreiben kann. Ich habe über ihn geschrieben, doch nie von ihm sprechen können.

Ich bin fünf und aufgebrochen zu einer großen Reise. Ich habe ein Ziel, wie ich es von den Erwachsenen kenne, die verreisen und schon wissen, wo sie ankommen werden. Sonst, wenn ich mit dem Dreirad unterwegs bin, folge ich Geräuschen, entdecke Gärten, Wege und Höfe, lasse mich von einem streunenden Hund führen und vergesse manchmal mein Vehikel, zwänge mich durch eine Hecke oder klettere über einen Zaun, um einen Truthahn zu reizen oder ein angepflocktes Lamm im Kreis zu treiben. Jetzt weiß ich, wohin ich will: Mit dem Dreirad nach Burgstädt, auf der Straße, die an unserem Haus vorbeiführt und von Pappeln gesäumt ist, die, so weit ich sehen kann und sie schon ausprobiert habe, gerade wie ein Lineal auf Burgstädt zeigt, das bei klarem Wetter am Horizont sichtbar wird, vielleicht auch nur, weil ich weiß, daß es dort sein soll, wie ein Name, den Tante Ella, die sich überall auskennt, an den Himmelsrand gesteckt hat. Ich sorge vor, stopfe eine Semmel und einen Apfel in die Provianttasche, hänge sie mir um und fahre mit dem Dreirad los. Kein Ruf hält mich auf. Mutter ist nicht da.

Es ist heiß. Die Straße wird zur Straße, wirft Buckel gegen die Räder, droht mit Löchern und Rinnen, wehrt sich mit Staub, kein leuchtendes Band mehr, sondern eine kahle, schrundige Landschaft, viel zu breit und immer zu nah. Der Staub verklebt die Nase, kitzelt im Hals. Wenn ein Auto mich überholt, halte ich an, stehe auf, hebe das Dreirad zwischen den gespreizten Beinen, weiche mit ein paar Schritten bis an den Rand des Straßengrabens aus, kneife die Augen, presse die Lippen zu, und wenn ich wieder atme, bäckt sich der Staub am Gaumen fest. Er schmeckt nicht nach Erde und nicht nach Luft. Ich schaue zu den Wipfeln der Pappeln hoch, wo der Wind die Blätter rauft, und wundere mich, daß hier unten sich nichts bewegt, der Wind nicht überall ist.

Bis zu der Abzweigung zum Gutshof und dem Ententeich in der Mulde sind wir an einem Sonntag zu Fuß gegangen, und es war mir schon zuviel gewesen. Hier könnte ich noch umkehren und auf der andern Straßenseite heimfahren.

Ich muß mich beeilen. Sonst komme ich zu spät und kann Vater nicht überraschen. Wenn er zum Gericht in Burgstädt fährt, holt er den Mantel aus dem Schrank, die Robe, die er nur einmal, zum Spaß, für mich angezogen und sich in einen schwarzen, faltigen Turm verwandelt hat, und sagt: Ich muß heute aufs Gericht. Ich stelle mir das Gericht vor als ein vieleckiges Haus, an dem zahllose Türme und Türmchen kleben, die Mauern voller Zierat, mit steinernen Bändern und Schleifen. Es steht auf einem großen Platz und flößt Furcht und Schrecken ein.

Ich bin fünf. Ich bin mit meinem Dreirad unterwegs zwischen Hartmannsdorf und Burgstädt, doch meine Phantasie traut sich die Ferne nicht mehr zu. Ich will gestreichelt und umarmt werden.

Ich höre das Auto, die Hupe stößt mich in den Rücken, scheucht mich an den Rand.

Meistens trug er graue Anzüge, wattierte Zweireiher, die seine Schultern auseinanderzogen, ihn noch schwerer erscheinen ließen, als er war. In einem grauen Anzug steigt er aus dem Auto, richtet sich auf, geht auf das Kind zu, das sich über den Lenker beugt, kein Wort über die Lippen bringt, packt es wie ein Karnickel, reißt es hoch, schleppt es, zusammen mit dem Dreirad, zum Wagen. Beides verstaut er im Fond, setzt sich neben den Fahrer, sagt kein Wort, schüttelt nicht den Kopf, murmelt nichts, schimpft nicht.

Als der Wagen vor dem Haus anhält, wendet er sich endlich um. Sein Gesicht ist noch größer und runder als sonst. Er sagt: Steig aus und entschuldige dich bei deiner Mutter. Er kehrt dem Kind schon wieder den Rücken zu, eine graue, vorwurfsvolle Falte unter dem braunen Nacken und dem schwarzen, glattgekämmten Haar.

Ich kann mir deine stumme Strenge nicht erklären, Vater. Warum hast du mich nicht ausgeschimpft? Warum hast du deinen Zorn nicht gezeigt oder die

Freude, mich gefunden zu haben? Warum hast du nicht gesagt: Mutter und ich, wir haben uns sehr um dich gesorgt, und nicht gefragt: Wo wolltest du denn mit deinem Dreirad hin? Warum hast du damals dein Schweigen begonnen und es so gut wie nie gebrochen?

1932 hatte sich mein Vater, nach Studienjahren in Prag und Leipzig, in Chemnitz als Anwalt niedergelassen. Er war 26 Jahre alt. Im gleichen Jahr heiratete er die um fünf Jahre jüngere Erika Häntzschel, die Tochter eines heruntergekommenen Dresdner Kosmetikfabrikanten. Seine Eltern betrachteten die Verbindung als Mesalliance, denn sie setzten selbst im Unglück eine gewisse Gediegenheit voraus und hatten kein Verständnis für eine die Armut ignorierende, leichtfertige Bohème. Der Vater meines Vaters hatte sich als Indigo-Färber durchgesetzt und zwei Jahrzehnte lang in Brünn eine Fabrik geleitet. 1930 waren die Großeltern nach Hartmannsdorf bei Chemnitz gezogen und dorthin verlegte mein Vater sein Büro. 1933 kam ich zur Welt, 1936 meine Schwester Lore. Zwischen meiner Geburt und dem Tod meines Vaters lagen zwölf Jahre. Es blieb uns wenig Zeit.

Der Weg von daheim zur Wohnung der Großeltern ist reich an Ablenkungen. Nie wieder haben so viele Zäune so viele Gärten umschlossen, weiße, grüne, schwarze Zäune aus Latten oder geschmiedetem Eisen. Dazu niedrige, bauchhohe Mäuerchen, oder

Mauern, so hoch wie zwei Männer und gespickt mit grünen Flaschensplittern. Jeder Garten wehrt sich und schließt mich aus.

In der Bäckerei kaufe ich mir öfter für fünf Pfennig Kuchenränder. Ich wähle sie mit Bedacht. Die dunklen, verkrusteten schmecken bitter und sind den Fünfer nicht wert. Im Bonbonladen an der Ecke bestaune ich die mächtigen Glasballons, in denen sich die Zukkerware zu verrückten Farbmustern mischt.

Wahrscheinlich trödle ich so, weil ich mich vor der düsteren Wohnung der Großeltern ängstige, dem fensterlosen Korridor und den Schränken, den vielen Schränken.

Vater mauert sich mit Schränken ein. Allein in seinem Büro stehen vier oder fünf; auf dem Gang noch einmal drei. Die Schränke türmen sich neben ihm auf, schwarz und dunkelbraun, Ungetüme mit Glastüren, hinter denen sich Bücher reihen, oder Kästen mit schmückenden Aufsätzen wie Kronen, wulstigen Leisten und Streben. Schränke wie Häuser, in denen Aktenstapel, immer mürber werdend, ungelesen bleiben, Schränke, in denen es nach vergossenem Cognac riecht und die, wenn man genau hinhörte, ächzen, knirschen, rumpeln. Vater lebt mit ihnen, obwohl er sie kaum einmal öffnet. Er scheint ihnen verwandt, aus einem dunklen Holz wie sie. Unsere Familie stammt eigentlich aus Ungarn, sagte er einmal; auch das war für mich ein Schrankwort; zu schwarz, zu schwarz.

Ich öffne die Tür zu seinem Büro. Die Messingklinke

liegt hoch, läßt sich schwer niederdrücken. Wenn ich sie angefaßt habe, riechen meine Hände nach Sidol. Vater sitzt hinterm Schreibtisch, in einer dauernden Dämmerung, die Schränke umgeben ihn wie Wächter. Ich sehe ihn und mich reden, doch ohne Stimme. Kommst du mich besuchen?

So fragt er immer, nie beginnt er das Gespräch anders:

Kommst du mich besuchen?

Ja.

Willst du ein wenig bei mir spielen?

Ja.

Aber nachher kommen Leute. Da mußt du gehen.

Ja.

Ich bring dich zum Großpapa. Du kannst ihm bei seinen Kakteen helfen.

Ja.

Vor das Fenster ist ein niedriger, runder Tisch gerückt, auf dessen Platte, in hellem Holz eingelegt, magere Pferdchen mit ihren Reitern von Rand zu Rand traben. Obwohl nie jemand daran saß und Pfeife oder Zigaretten rauchte, wird er Rauchtisch genannt. Er ist mein Spieltisch. An ihm habe ich, auf einem zu hohen, gepolsterten Stuhl, Platz zu nehmen und darauf zu warten, was mein Vater mir vorlegt: Papier und säuberlich gespitzte Bleistifte zum Malen oder einen der Bände des Großen Meyer, in denen ich nach Bildern suche. Einmal fand ich eines, das sich sogar verwandelte, ein Schichtbild. Ich konnte den abgebildeten Menschen aufblättern, was mir nicht geheuer war, denn die Bilder, deren Farben scheußlich leuchteten, waren mir sicher verboten. Ein Nackter zog sich aus. Er streifte, blätterte ich um, zuerst die Haut ab, und ich schaute auf ein Gewirk von blauen und roten Schläuchen, darunter öffneten sich dunkelrote Räume, in denen Säcke hingen, und blätterte man diese Seite des Mannes weg, stand er als Gerippe da. Wahrscheinlich ist Vater aufgefallen, wie ruhig und andächtig ich über dem Buch sitze. Er schaut mir über den Kopf, erklärt nichts, reißt das Lexikon vom Tisch, schlägt es mit einem Knall zu, bringt es zum Bücherschrank, schließt es ein, zerrt mich vom Stuhl und schiebt mich mit einer Geste traurigen Widerwillens vor sich her, über die hohe lackierte Schwelle, den Korridor entlang, faßt mich hart an den Schultern und stellt mich in die Nische zwischen zwei Schränken, befiehlt mir dort zu warten, bis Großvater mich hole.

Du rührst dich nicht vom Fleck!

Er hat vergessen, daß er mich mit einer solchen Verbannung nicht strafen kann. Selbst wenn keine Lampe brennt und kein offener Türspalt einen Lichtbalken wirft, kenne ich mich im Korridor aus. Ich kann in der Finsternis umhergehen, ohne anzustoßen. Sie ist weich, warm und schützt mich. Ich habe sie mir angeeignet, mit einer Gefahr ausgetauscht. Mutter hatte mir die Zuflucht erlaubt, als sie meiner Furcht nicht mehr Herr wurde, dieser Unruhe, die mit Fingern nach einem faßt, der wirbelnden Luft, die auf der Brust lastet. Mutter weiß sogar eine Erklärung für

meine Zustände. Gleich wird ein Gewitter niederge-
hen, sagt sie, und das Kind reagiert empfindlich.
Er benimmt sich wie ein Waschlappen.

Du hast mit diesem Wort zugeschlagen, es mir um den
Kopf geklatscht, ein niederträchtiges, demütigendes
Wort. Du hast meine Angst nicht ernstgenommen.
Was hast du unter Mut verstanden, gerade du, der du
uns mit Mutlosigkeit überschwemmen konntest?

Dein Lieblingsmärchen war das vom Froschkönig.
Du hast es mir manchmal in einer merkwürdigen Ver-
kürzung erzählt. Daß der Prinz zum Frosch verzau-
bert und von der Prinzessin erlöst wird, war dir nicht
wichtig. Alle deine Aufmerksamkeit galt dem treuen
Heinrich, dem sich die Ringe um die Brust legten, drei
Ringe, als der Prinz im Brunnen saß und »eine Fletsche wast«.
Vater saß am Bettrand, die Hände auf den Knien, und
ich wußte, gleich würde er die Augen schließen. Sein
Gesicht würde sanft werden, sobald er Heinrich sein
durfte. Mit erhobener Stimme ließ er den Prinzen fragen: Heinrich, der Wagen bricht?
In meinem Märchenbuch war diese Szene abgebildet.
In einer schnörkeligen, sehr kleinen Kutsche, die von
einem Rappen und einem Schimmel gezogen wurde,
sitzen der Prinz und die Prinzessin. Ihre winzigen
Körper schweben über dem Fensterrand. Im Rücken
der Kutsche, auf einer Art Trittbrett, steht Heinrich
und hält die Zügel. Er trägt eine weiße, vom Fahrt-

wind gebauschte Bluse, schwarze Kniehosen und Lackschuhe mit Schnallen. Ich wundere mich, daß die Reifen um die Brust nicht zu sehen sind. Ich habe sie mir vorgestellt wie die schwarzen Eisenbänder, die ein Faß zusammenhalten. Vielleicht sind sie doch unsichtbar? Nur, wie können sie dann mit einem solchen Krach bersten?

Vater verwandelte sich in den treuen Heinrich. Er richtete sich auf, lächelte, legte die Hand aufs Herz, und mit einer Stimme, deren Klage mich jedes Mal von neuem ergriff, antwortete er: Nein, Herr, der Wagen nicht! / Es ist ein Band von meinem Herzen, / Das da lag in großen Schmerzen, / Als ihr in dem Brunnen saßt, / Als ihr eine Fletsche wast.

Du hast dieses Märchen nicht fortgeführt, Vater. Mir trautest du nicht zu, der treue Heinrich zu sein, und den Prinzen hast du verachtet. Wahrscheinlich hast du in den paar Jahren unsres gemeinsamen Lebens auf seine und deine Erlösung gewartet, habe ich nur den Heinrich gekannt, dem die Bänder die Brust so sehr schnürten, daß er, um sich und die andern zu schonen, jedes sprengende Gefühl mied.

Tante Ella erzählte Märchen anders, scherte sich kaum um den Eigenwillen der Figuren, brachte durcheinander, mischte Schneewittchen mit Schneeweißchen, das Bübchen aus dem Fundevogel mit dem Hänsel. Hexen oder Zauberer ließ sie ohnedies willkürlich erscheinen, während sie mit guten Feen auffallend sparte. Tante Ella lebte in Tetschen-Bodenbach. Als ich mit einer Sepsis wochenlang im Bett lag, war sie gekommen, mich zu unterhalten und zu pflegen. Davor und danach spielte sie in den Gesprächen meiner Eltern keine Rolle. Womöglich war sie selber ein Märchengeist, der nur dann in einen Altweiberleib fuhr, wenn ein Kind fieberte und phantasierte. Mutter hatte mit ihrer Hilfe mein Bett aus dem Kinderzimmer in eine schmale Kammer transportiert, die unmittelbar an das elterliche Schlafzimmer grenzte und in der sonst Gerümpel verstaut wurde. Das Fenster war mit einer Decke verhängt. Das Licht brannte in meinen Augen und ich nahm alle, die an mein Bett traten, sich über mich beugten, nur als Schatten wahr. Tante Ellas Schatten wurde von Tag zu Tag deutlicher, ich sah, daß sie klein und hager war, ihr knolliges Gesicht ungestüm schminkte und wuscheliges rotes Haar hatte. Es sei, belehrte mich Mutter nach Tante Ellas Abreise, mit Henna gefärbt. Für mich blieb es, wenn auch gefärbt, echt; so echt, wie die Maske, die sie sich mit Cremes, Puder und verschiedenen Stiften aufs Gesicht auftrug.

Sie sprach tief wie ein Mann. Ihre Stimme redete mich in den Schlaf, kühlte mich, wenn ich fieberte, und wärmte mich, wenn ich fror.

Tante Ella verknäulte alle Märchen und Sagen zu einer endlosen Geschichte, die sie in regelmäßigen Abständen mit »NuNuNu« unterbrach, einem sinnlosen Refrain, den ich genoß: ich glitt in das U hinein wie in einen Tunnel.

Manchmal hörte ihr auch Mutter zu. Sie setzte sich

auf den Bettrand, fuhr mit der Hand unter meinen Rücken, ließ sie dort liegen, als wolle sie mich tragen. Ich bin an einem Geräusch aufgewacht, das ich nicht mehr höre, das schon von meinem Schlaf bewahrt wird. Aber ich habe die Erinnerung an ein Schluchzen. Ich setze mich auf, die Dunkelheit gibt meinen erschrockenen Blicken nicht nach. Ich höre Vater und Mutter nebenan reden. Sie reden nicht wie sonst. Vater murmelt in einem fort, ohne die Stimme zu heben. Mutter hingegen lispelt Wörter, die es nicht gibt. Mit einem Mal werden die beiden lauter, heftiger, scheinen miteinander zu kämpfen. Vaters Kraft und Schwere ist Mutter bestimmt nicht gewachsen. Sie ist zwar wendig, aber viel zu klein. Ich will aus dem Bett steigen, wenigstens bis zur Tür gehen, um Mutter, wenn Vater nicht nachgeben sollte, beizustehen.

Da senkt sich Tante Ellas Arm wie eine Schranke vor meine Brust. Leg dich hin, flüstert sie. Pscht! Sei leis. Auf dem Rücken liegend kann ich die Geräusche hinter der Tür noch besser hören. Tante Ella sitzt regungslos auf dem Stuhl neben dem Bett. Sie hält meine Hand und streichelt sie. Vater schweigt jetzt, während Mutter spricht, sich ständig widerspricht, einmal mit einem »Nichtnicht!« sich wehrt und böse ist und gleich darauf mit einem hastigen »Jaja!« zustimmt. Was ist das für ein Kampf, der so schlimm und so schön in einem sein kann? Plötzlich sind sie still. Nicht ganz. Manchmal seufzen sie und das Spiel vergnügt sie nun so, daß sie miteinander im Bett hüpfen und ich laut auflachen könnte vor Verlegenheit.

Auf Mutters Schrei war ich nicht gefaßt. Tante Ella rettete mich. Sie preßte einen Augenblick meine Hand, kniete neben dem Bett nieder, legte ihren Kopf neben den meinen und flüsterte mir ins Ohr: Reg dich nicht auf, Bub. Sie haben sich gern. Sie haben sich lieb gehabt. Verstehst du. Sie haben sich lieb gehabt. Die Liebe ist schön und tut auch weh. Verstehst du. Deine Eltern haben sich lieb gehabt.

Sie flüsterte mein Ohr heiß und redete mich in den Schlaf.

Wir haben uns nie als Männer unterhalten, nie unsere Erinnerungen messen, tauschen können. Ich hab dir nie sagen können: Weißt du, das Kind. Das Damals zwischen uns fehlte. Ich habe immer nur zu dir aufgesehen, mein Blick wuchs nicht auf deine Höhe. Nun, wenn ich dich zurückrufe, wenn du nach langer Zeit wieder in meine Träume trittst, Gestalt annimmst, fühle ich eine sonderbare Mischung von kindlichem Trotz und erwachsener Überlegenheit: Ich beuge mich über deinen Schatten. Es erstaunt mich, daß ich mittlerweile um sechs Jahre älter bin, als du werden konntest. Ich habe mehr Zeit gesammelt als du, ich bin dir, ohne Zutun und zufällig, überlegen. Du hast manches nicht lernen können; manches hättest du nicht lernen wollen. Du hieltest dich an andere Wörter, Begriffe. Strafe war so ein Wort. Eine deiner Strafen war schlimmer als alle anderen. Ich habe sie dir nachgetragen, bis heute. So genau, Vater, sind Wörter: nachgetragen.

Die Mundharmonika kostete eine Mark zwanzig. Sie war genauso klein wie die des Clowns.

Wir waren sonntags in Limbach spazierengegangen, mit dem Ruderboot auf dem Teich gefahren, wir hatten in einem Café Schokolade getrunken, und meine Schwester sagte: Ich will aber zur Musik. Wir folgten ihrem Wunsch, liefen der Musik nach, einem auf einem Saxophon geblasenen traurigen Lied, und entdeckten ein schäbiges, auf den Seiten zur Hälfte offenes Zelt, in dem auf Bänken ein paar Leute hockten und einem Herrn im Frack zuschauten, der einen Apfelschimmel mit knallender Peitsche durch die Manege trieb. Wir setzten uns. Vater, ungewohnt heiter, nahm meine Schwester auf den Schoß und ich drückte mich zwischen ihn und Mutter. Während ich schreibe, fühle ich die Wärme ihrer Körper wieder. Ich erinnere mich nicht mehr, wer, außer einem Mädchen, das sich wie ein Äffchen ans Pferd klammerte, noch auftrat. Den Clown aber habe ich nicht vergessen. Er schlurfte in einem schlappenden Anzug, mit zu großen Latschen und zu kleinem Hut, in die Manege, brachte nichts mit als eine kaum daumenlange Mundharmonika. Er spielte mit ihr, ehe er auf ihr spielte. Er führte sie vor, sie verlor sich in seinen Taschen, rutschte durch die Hosenbeine und als er sie, nach größtem Umstand, zu dem breiten weißen Mund führen wollte, verschluckte er sie. Er krümmte sich; man konnte den Weg der kleinen Harmonika verfolgen, wie sie sich erst im Schlund verklemmte, der Clown fürchterlich würgen mußte, wie er sie mit krampfenden Schlucken die Speiseröhre hinuntertrieb und wie sie mit einem hörbaren Plumps im Magen landete. Der Clown gab sich nicht zufrieden, denn er wollte doch musizieren. Deshalb rührte er den Bauch wie eine Tänzerin und auf die wunderbarste Weise begann die Mundharmonika im Leib des dummen Augusts zu spielen. Erst ganz leise; allmählich schwollen die Töne an. Das ist meine Leib- und Magenmusik, sagte er zum Schluß, machte eine tiefe Verbeugung, schluckte sehr laut, und die Harmonika fiel ihm aus dem Mund. Wir klatschten.

Vater meinte, der Clown habe gemogelt, er habe die Mundharmonika immer zwischen den Lippen gehabt, uns mit seinen Faxen nur abgelenkt. Ich glaubte ihm nicht. Nein, nein, der hat im Bauch gespielt. Das geht doch nicht, sagte Mutter. Ich bestand darauf, daß ein Clown, dieser Clown, es kann.

Auf der Heimfahrt versprach Vater uns einen richtigen Zirkus. Demnächst gastiere Sarrasani in Chemnitz; da gebe es nicht nur Pferde und Clowns, sondern Löwen, Zauberer und fliegende Menschen zu sehen.

Die Mundharmonika entdeckte ich in einem Schaufenster. Sie lag armselig zwischen Spielzeug, fiel sicher niemandem sonst auf. Sie glich, fand ich, ganz und gar der des Clowns. Ich wünschte mir nichts anderes als sie, nur traute ich mich nicht, Mutter um das Geld zu bitten. Bei Vater hätte ich es gar nicht erst versucht. Manchmal war er freigebig, hatte, wie er von sich sagte, die Spendierhosen an, manchmal knauserte er um jeden Pfennig. Angebettelt werden wollte er auf keinen Fall.

Ich sehnte mich nach der Mundharmonika, träumte von ihr. Der Wunsch, sie zu besitzen, wurde immer mächtiger. Dann stahl ich das Geld. Genau eine Mark zwanzig. Ich hoffte, Mutter würde es nicht merken. Es lag stets Geld in der Schublade im Küchentisch. Sie konnte eigentlich nicht wissen, wieviel es war. Ich kaufte die Mundharmonika. Der Kaufmann ließ sie mir um zwanzig Pfennig billiger; sie könnte, da sie lange im Schaufenster lag, ein wenig gelitten haben. Die restlichen zwanzig Pfennig legte ich zurück in die Schublade.

Als ich das Instrument, kaum war ich aus dem Laden und um die Ecke, ausprobierte, gab es nur schrille Töne von sich und es fügte sich auch nicht nach mehreren zornigen Versuchen. Wer, außer dem Clown, konnte mir das richtige Harmonikablasen beibringen? Es ärgerte mich, daß ich die Mundharmonika verstecken mußte, mit ihr nicht aufschneiden, sie nicht einmal meiner Schwester zeigen konnte.

Zu allem Übel wußte Mutter durchaus über ihren Geldvorrat Bescheid. Nur meine Schwester oder ich konnten die Mark gestohlen haben. Sie nahm uns ins Gebet. Ich log, stritt ab, beteuerte, heulte. Mutter ließ nicht locker, bis ich die Schuld zugab. Ich sollte im Kinderzimmer auf Vater warten. Er werde für die gerechte Strafe sorgen.

Er straft mich; anders, als ich es erwarte. Er nimmt mich nicht zur Kenntnis, schließt mich aus seiner Gegenwart aus. Bei Tisch bin ich für ihn ebenso Luft wie am Abend im Wohnzimmer oder bei den Großeltern. Er sitzt mir gegenüber und sieht mich nicht. Er geht an mir vorbei und sieht mich nicht. Er steckt die andern, selbst die jüngere Schwester, damit an. Ich höre sie, aber wenn ich mit ihnen rede, hören sie mich nicht. Ich sehe sie, doch ich bin für sie nicht vorhanden. Vielleicht wollen sie mich verrückt machen? Vielleicht wollen sie mich aus der Welt schweigen? Mit nichts kann ich sie rühren. Ich erfinde Worte, schneide Faxen, schlage Purzelbäume, verrenke meine Glieder, ich stelle Fragen und gebe mir selber die Antworten. Ich bin nicht mehr anwesend für sie. Nur Mutter kommt abends, wenn ich im Bett liege, streichelt mich wortlos; ihre Hände reden und sie murmelt: Warum hast du das nur getan?

Ich träume, auf die Größe einer Maus geschrumpft zu sein. Gemeinsam mit der Mundharmonika, die mir viel Platz nimmt, bewohne ich ein Loch im Parkett des Kinderzimmers. Keiner weiß, daß ich verwandelt wurde. Ich höre sie rufen. Ich bin froh, ihnen entronnen zu sein. Aber Vater hat auf unerklärliche Weise meine Tarnung durchschaut. Ich luge aus dem Loch, sehe ihn übergroß darauf zustampfen, sehe seine Sohle über mir schweben. Sie tritt das Loch zu, schließt es, nimmt mir das Licht, die Luft. Die Atemnot läßt mich schwellen, ich fülle das Loch aus und weiß, es wird gleich bersten, ich werde ohne Atem, ohne Stimme, ohne Seele unter Vaters schwarzem Lackschuh liegen.

Er hielt die Strafzeit länger als eine Woche durch. Das Schweigen wurde sichtbar. Es sank auf die Diele, auf die Möbel, auf uns. Wir bewegten uns langsamer, vorsichtiger, um die gewalttätige Stille nicht zu stören. Obwohl ich neben ihm saß, erfuhr ich es wie durch Boten, daß er am nächsten Tag mit Lore Sarrasani besuchen werde. Wie versprochen; doch ohne den Jungen! Es schien, als befände sich der von ihm Abgewiesene auf der anderen Seite der Erdkugel.

Ich stand hinter den Gardinen und sah ihnen nach: Mein Vater führte meine Schwester an der Hand und unterhielt sich mit ihr, als sie durch den Vorgarten gingen.

Manchmal, Vater, kehren Sprichwörter in ihre gelebte Bedeutung zurück. Seit dieser stummen Kur kann ich den Satz »Er schweigt ihn tot« nicht mehr lesen, geschweige denn schreiben, ohne daß es mich schaudert. Du wirst dieses Schweigen nicht so ausgelegt haben. Du hast es auch fertig gebracht, mit Mutter über Tage, Wochen nicht zu sprechen. Du straftest nicht nur mit Schweigen, du zogst dich auch zurück. Ich bin nicht sicher, ob du dir im klaren warst, daß dieses Schweigen zur Mitgift wurde. Wenn ich heute allein mit meinem Ängsten streite, indem ich mit mir selber rede, höre ich nichts als meine Stimme und oft dein Schweigen.

Ich kenne niemanden, der mir über die ersten Anwaltsjahre meines Vaters Auskunft geben könnte, wie er Klienten fand und wer sie waren. Ich weiß auch nicht, ob er vor allem seiner Eltern wegen von Chemnitz nach Hartmannsdorf gezogen war oder weil er sich von dem kleinen Ort zwischen Limbach und Burgstädt eine größere Klientel erhoffte. Sein Vater unterstützte ihn. Er konnte sein Büro in der elterlichen Wohnung einrichten und Miete sparen. Unsere Wohnung in der Burgstädter Straße war eng und nicht gerade aufwendig eingerichtet. Vater haushaltete. Er leistete sich keinen Wagen. Nach Burgstädt zum Gericht fuhr er entweder mit dem Bus oder mit dem Taxi. Ob er, um Erfolg zu haben, sich verstellte und sich den Parteigrößen andiente, kann ich nur ahnen. Der Reichsanwaltskammer mußte er angehören. Aber ich habe noch im nachhinein das Gefühl, daß er die neun Jahre in Hartmannsdorf als Fremder verbrachte, kein Zutrauen zu sich fand, und Vorsicht und Furcht ihn einengten. Er lebte mit angehaltenem Atem.

Feste wurden von Mutter beherrscht. Sie konnte strahlen, sich vorführen, ihre Heiterkeit zog an, ordnete. Ehe die Eltern ausgingen, huschte sie zu uns ins Kinderzimmer, drehte sich in ihrem langen Kleid, ließ uns ihr Parfüm schnuppern, drückte unsere Köpfe an ihre Brust; wir sagten ihr, wie sehr sie uns gefalle, wie schön sie sei, schwarz, alles schwarz, schwarze Haare, schwarze Augen, ein schwarzes Kleid, schwarze Schuhe, und auch der Pelzmantel, in dem ich das Gesicht vergrabe, ist schwarz.

Sie hat etwas von einer Zigeunerin, sagt Großvater. Aber die Bewunderung kann auch umschlagen in Neid und Verdächtigung, kann gefährlich werden. Wir ziehen die Köpfe ein, ohne zu wissen weshalb, wenn Vater sich zornig gegen Gerüchte wehrt: Was heißt schon jüdischer Typ und semitisches Aussehen. Du benimmst dich anders als sie. Du bist ihnen zu schön, zu frei. Wie können die nur so gedankenlos, so dumm daherreden. Seine Ängstlichkeit wird schlau, vertuscht und erfindet, tauscht Blut aus und gründet Herkünfte. Es ist nicht, wie bei seiner Familie, Ungarn, sondern Italien: die italienische Schwärze, das italienische Temperament, und auf etwas anderes, wenn überhaupt, solle man gar nicht eingehen, es führe bloß zu bösen Verwicklungen, nicht wahr? Ich höre zu, verstehe seine Aufregung nicht, spüre jedoch die Bedrohung, vergesse sie wieder, wenn Mutter sich schön macht, durch die Stube wirbelt, hinaus in den Abend, wo es irgendwo viel Licht gibt, viel Gelächter, und wo sie Platz hat zum Tanzen.

An einem Fest, das gar keines war, sondern eine Einladung von Berufs wegen, durften wir Kinder teilnehmen. Es fand an einem Sonntagnachmittag in der großelterlichen Wohnung statt, die sich, weil sie geräumiger war als unsere, besser für einen Empfang eignete. Vater hatte Leute gebeten, die für ihn wichtig waren, die im Ort und darüber hinaus Einfluß hatten.

Es beginnt schon eine Woche vorher mit Spannungen, mit Streit.

Was angeboten werden soll?

Was angezogen werden soll?

Worüber geredet werden soll?

Worüber auf keinen Fall geredet werden soll?

Wir werden herausgeputzt, ich muß die verhaßte Bleyle-Jacke mit dem Matrosenkragen anziehen, gleichgültig, ob ich schwitzen werde bei dieser Sommerhitze. Es werden, was vorauszusehen ist, alle schwitzen, doch ihnen wird unterschiedlicher Schweiß ausbrechen. Angstschweiß steht Vater auf der Stirn, auf der Oberlippe.

Die Großeltern stellen uns Kinder vor.

Vater hat zu tun.

Mutter muß sich kümmern.

Aber dann bin ich freigelassen, sammle Kekse, nasche vom Büffet. Ständig tätscheln dicke, große Hände meinen Kopf, machen mich klein, drücken mich zwischen Stiefel und Breeches, säuberlich gebügelte Hosen, Seidenstrumpfbeine, machmal beugt sich einer zu mir, bläht sein Gesicht auf, plappert, was ich nicht verstehe. Ich setze mich auf einen Stuhl unters Fenster, halte nach Vater und Mutter Ausschau, entdecke sie, verliere sie wieder aus den Augen; alle drehen sich dahin und dorthin, begrüßen einander, verabschieden sich, sagen sich, was sie sind, Herr Kreisleiter, Herr Ortsgruppenleiter, Herr Hauptsturmführer, Herr Oberst. Sie sind alle etwas, auch wenn sie keine Uniformen anhaben; sie müssen durch Zeichen kenntlich sein als Herr Doktor, Herr Bürgermeister, Herr Direktor.

Ich schaue an Vater hoch. Er redet und lächelt. Sein Lächeln tut mir weh, weil es nicht sein Lächeln ist. Manchmal verbeugt er sich ein wenig und ich verbeuge mich mit, um ihm zu helfen und ihn nicht zu kränken.

Ich habe ihn noch nie so sprechen hören. Vielleicht verstellt er für solche Feste seine Stimme. Vielleicht hat er heimlich vor dem Spiegel geübt, wie man das Gesicht verzieht, mit »Aha« und »Ah so« beistimmt, wie man den knappen Diener macht, wie man so freundlich sein kann, daß ich mich fürchte.

Ich bitte euch, nachdem ihr, jeder für sich, die Wohnung in Ordnung gebracht habt, und euch ab und zu an die offenen Fenster stelltet, um Luft zu holen, die – sämig und warm – gar nicht erfrischt, ich bitte euch, als ein allerdings sehr unsicherer Regisseur, eure Plätze einzunehmen an dem runden Tisch im Wohnzimmer. Da Großvater, wie ich vermute, sich von dem Rummel am wenigsten schikanieren ließ, lasse ich ihn anfangen.

Der alte, fette Mann beugt sich nach vorn, stemmt seinen Bauch auf die kurzen Oberschenkel, legt die Hände auf den Tisch und sagt: Also, das war ja mal ein ganz passabler Empfang.

Nicht wahr, pflichtet ihm seine Frau bei.

Es sind an sich ordentliche Leute, stellt er fest, als sei er sich nicht gewiß, ob er nicht doch in eine Ansammlung von Tröpfen, Lügenbeuteln und Schlaumeiern geraten war.

Und du? fragt er seinen Sohn, für den er den Empfang eingerichtet, die Gäste nach einer ausgeklügelten Liste eingeladen hatte. Und du?

Danke, antwortet der leise. Ich bin zufrieden.

Es ist sonderbar, das Gespräch der andern erfinde ich unangestrengt, mit der Lust an den Figuren, aber dir lege ich Wort für Wort schwer in den Mund. Es sind vorsichtige Wörter.

Du nimmst nun nicht mehr an der Unterhaltung teil, schließt die Augen, hörst zu, wie die andern sich Luft machen.

Wenn einer mit Recht Goldfasan genannt werden kann, dann der.

Meinst du den Kreisleiter?

Das ist doch ein Wicht.

Ein Parvenü.

Der kann keinen geraden Satz reden.

Ich sage euch, solche Leute sind gefährlich.

Und wenn schon.

Es ist besser, man ist auf der Hut.

Am besten gefiel mir noch die Frau vom Arzt. Wie heißt der?

Schmähling.

Du irrst dich. So heißt der Schuldirektor.

Nein, nein.

Ja, die plustert sich nicht auf.

Nicht wahr?

Wenn ich da an die Frau vom Ortsgruppenleiter denke.

Ach Gott, die ist doch bloß ein bissel dumm.

Du bemühst dich, nicht hinzuhören.

Bis Großvater sich ächzend erhebt, mit einem resümierenden »Naja, das war alles doch zum Guten« das böse Bild ins Lächerliche zieht, und ich dich auffordere, mit Mutter und uns die Szene zu verlassen.

Mutter ruft nach uns.

Geh mit den Kindern voraus, sagst du. Ich komme bald nach; ich will nur noch ein paar Akten aufarbeiten.

Die beiden Jungen waren mir nicht erlaubt, sie kamen aus den falschen Familien, gingen auf die falsche Schule, trieben sich herum.

Daß du dir immer solche Freunde aussuchst.

Mutters Vorwürfe stimmten nicht. Sie und Vater waren nicht unschuldig, daß ich mich »solchen« Kerlen anschloß, denn bei denen wußte ich, woran ich war. Die trugen stolz die Uniformen des Jungvolks, bereiteten sich auf ein Heldenleben vor und hofften, noch als Freiwillige »ins Feld ziehen« zu können. Sie strengten sich an, vorzeitig Männer zu sein: senkten ihre Stimmen, versahen hingebungsvoll ihren Dienst, schossen mit Kleinkalibergewehren, ließen sich von den Eltern nichts sagen, hörten allein auf die Befehle und Prophezeiungen ihres Fähnleinführers, der mir in ihren Erzählungen wie die heroische Zusammenfassung aller meiner Lehrer erschien, auch des Lehrers Kutzschebauch, der als erster Hartmannsdorfer »auf dem Felde der Ehre« gefallen war.

Ich floh in ihre soldatische Welt, in der Tränen nicht

unerklärt fließen durften, niemand den großen Aufbruch hilflos erlitt, wie die Eltern, die eng umschlungen neben dem Radio saßen, den Siegesmeldungen mit Seufzern anworteten, in ihrem Schrecken allein waren, sich ohnedies anders verhielten als alle anderen und ich mich nicht anstecken lassen wollte von ihrer Wehleidigkeit, die ich mehr und mehr für unangebracht hielt, für einen beklagenswerten Ausbruch von Schwäche und Feigheit.

Hatte Vater seinen Stolz denn nur geheuchelt, als ich bei der Abschlußfeier des ersten Schuljahres vor Eltern und Schulkameraden den »Deutschen Rat« vortrug, die männlichen Tugenden beschwor, und er mir strahlend zunickte? Weshalb benahm er sich nicht so, wie es das Gedicht wünschte und wie der Rektor in seiner Rede erklärt hatte? Weshalb nannte er die Soldaten arm und den Führer nicht Führer, sondern immer Hitler?

Dennoch prahlte ich mit ihm bei meinen neuen Freunden. Ich machte ihn stark und strahlend, verlieh ihm die Männermacht, der wir uns beugten. Schließlich trug auch er eine Uniform, die Robe, die ihn herrschen ließ über Menschen und Gesetze.

Ich spürte, daß mir mein Aufschneiden nicht half, ich mich vom Vater eher noch entfernte. Ich wollte fort, mich gegen die Eltern beweisen. Darum fiel es mir nicht schwer, zu schwindeln, als die Jungen mich fragten, ob ich denn eine Erlaubnis für die »Nachtfahrt« bekommen habe. Meine Eltern hätten nichts dagegen, sie wollten sogar, daß ich das lerne, noch bevor ich zum Jungvolk komme. Ich log und hatte kein schlechtes Gewissen.

Es müssen Ferien gewesen sein.

Sorgfältig bereitete ich mich vor, verstaute die Dinge, die ich mitbringen sollte, die, nach Meinung der Jungen, nötig waren für die Fahrt, in dem Holzschuppen im Garten, den Mutter mied, weil dort nicht bloß Mäuse ihre Nester bauten, sondern ihr angeblich Ratten über den Weg gelaufen seien. Am schwierigsten war es, eine Decke zu entwenden, ohne daß es auffiel. Die aber brauchte ich, da es nachts im Zelt kalt werde.

Im Zelt!

Am Teich!

Auf dem Floß!

Im Wald!

Als unser Trupp endlich auf dem Marsch war, hätte ich vor Glück platzen wollen. Ich paßte mich meinen Gefährten an, gab mich besonnen und wortkarg und folgte deren Befehlen. Die ganze Ausrüstung, Tornister, Decken, Werkzeuge, Geschirre, war auf einen Leiterwagen gepackt, den zwei ohne Mühe ziehen konnten. Die drei Großen lösten einander ab. Ich hatte als Neuer und als Ordonnanz häufiger an der Deichsel zu sein, und als die Straße nach Penig anstieg, wir ohnehin alle zogen und schoben, verließen mich die Kräfte. Ich bekam meine erste Standpauke. Wir hätten diesen Schwächling nicht mitnehmen sollen. Da haben wir uns was aufgeladen. Der wird sicher immer wieder schlapp machen. Es ist besser, wir schicken ihn heim. Ja, warum nicht? Was sollen wir Kindermädchen spielen?

Ich versprach Besserung, biß die Zähne zusammen, dachte an die zahllosen Heldentaten, die wohl in diesem Moment auf den Schlachtfeldern begangen wurden und weigerte mich, von der Deichsel zu gehen. Sie und Vater sollten sich in mir täuschen und über meine Ausdauer und Kraft staunen.

Wir verließen die Straße, bogen in einen Feldweg ein, zogen an einem Gatter entlang, hinter dem Pferde weideten. Die Schwächen und Ängste waren verflogen, die Karre verlor ihr Gewicht. Schneller! Hopp, hopp! Wir sind gleich da.

Das Versteck übertraf alle meine Erwartungen. So wild und entlegen, so zünftig hatte ich mir unser Lager nicht ausgemalt. Es war eine kleine Lichtung, auf der wir unser Zelt aufstellten, geschützt von Gestrüpp und Brombeerhecken.

Da findet uns keiner.

Die können uns alle mal.

Nichts hat sich verändert, guckt mal, sogar unsere Feuerstelle ist noch da.

Beim Zeltbau darf ich nur zusehen, wie die Bahnen kunstvoll mit Kordeln verbunden, Zeltstöcke geschnitten und ausgemessen werden. Aber die Heringe darf ich mit dem Dolch zuspitzen und Kleinholz für das Feuer suchen. Wir haben uns so rasch eingenistet, daß uns noch Zeit bleibt, zum Teich zu gehen, nachzusehen, ob das Floß nicht gestohlen worden ist.

Sie fangen an, mich zu hänseln, zu schikanieren. Näht

dir deine Mutti diese Schlapperhosen, sag mal? Zieh den Baum aus dem Weg und mime nicht den müden Mann. Los! Los! Jetzt ist das Kind auch noch hingefallen und hat sich weh getan. Ach Gottchen! Ich lasse mir meine Hilflosigkeit und meine Wut nicht anmerken. Sie werden einsehen, daß sie mich brauchen. Ich bin genauso gut wie sie. Ich trage zwar noch keine Uniform, kenne noch keine großen, allwissenden Fähnleinführer, kann noch kein Koppel wienern und habe noch keinen Dolch, aber spätestens in zwei Jahren bin ich aufgenommen.

Der Teich ist beinahe rund, sein Wasser braun und trübe. Aus seiner Mitte ragt eine kleine Insel. Dort hätten sie sich schon im vergangenen Jahr eine Hütte gebaut, so wie die Regulatoren in Arkansas. Ich kann mir unter den Regulatoren nichts vorstellen, habe Gerstäckers Geschichte noch nicht gelesen.

Das Floß ist unzerstört. Wir können sofort in See stechen, nur die Großen, für mich ist kein Platz. Wenn ich mit zur Insel hinüber wolle, müsse ich ins Wasser, könne mich allerdings am Floß festhalten. Du kannst doch schwimmen? Ja, sage ich. Sie hätten mich sonst von neuem verspottet. Das Wasser ist kalt und riecht faulig. Sie kommen nur langsam voran, die Kälte zieht mir bis auf die Knochen. Schaffst du's, Kleiner? Jaja. Einer von denen sagt: Hoffentlich säuft der nicht ab, und um ihn zu widerlegen, mache ich ein paar Züge, ohne mich an die Stämme zu klammern.

Die Hütte ist eingestürzt. Die Jungen fluchen, haben aber keine Lust, gleich mit dem Aufbau zu beginnen und beschließen, die gottverdammte Insel wieder zu verlassen. Ich klappere vor Kälte mit den Zähnen und die Jungen grinsen. Zuwenig Fleisch auf den Knochen. Das kommt noch. Doch sie denken nicht daran, mich aufs Floß zu lassen. Ich bin sicher, es hätte auch mich getragen. Ich denke, ich bestehe bloß noch aus Kopf und Armen und der Körper ist wie ein Eiszapfen abgebrochen, auf den Grund des Teichs gesunken.

So ist mir der Abend, auf den ich mich freute, versaut. Sie machen sich lustig über mein Schlottern, jagen mich hin und her, lassen mich sinnlose Geschäfte verrichten. Nicht einmal das Lagerfeuer und die Erbswurstsuppe wärmen mich auf.

Es war ein Fehler, ihn mitzunehmen.

Eine blöde Idee.

Hoffentlich kriegt der kein Fieber.

Sie unterhalten sich nun besorgt über mich, nur bin ich jetzt so müde, daß mir alles gleichgültig ist, ich mich in die Decke rollen, am liebsten in ein Bett schlüpfen möchte und den Schüttelfrost vergessen.

Bist du müde?

Ja.

Geh schlafen. Leg dich ins Zelt. Aber vorne, quer zum Eingang, Ordonnanz.

An Stimmen, an Licht wache ich auf. Hinter dem Strahl einer Taschenlampe bewegen sich übergroße Schatten, rotten sich zusammen. Ich erschrecke, meine, wir sind überfallen worden, schließe die Augen wieder, stelle mich schlafend. Bis ich in dem aufgeregten Gemurmel Vaters Stimme höre, ich aus dem Zelt

gezogen, hochgehoben werde, bis ich Mutter auf-
schluchzen höre und ihre Hände über mein Gesicht
fahren. Leute reden barsch auf meine Fahrtenkame-
raden ein, werfen ihnen vor, ein Kind in Gefahr gebracht zu haben. Sie hätten verantwortungslos gehandelt, verantwortungslos! Und die armen Eltern
seien vor Angst fast umgekommen.
Was hast du dir dabei gedacht? fragt Vater. Ich
schweige, obwohl ich ihm hätte antworten können:
Ihr seid nicht so wie die andern, du und Mutter, ihr
macht nicht mit, ihr zieht euch zurück, seid ängstlich
und kleinlich. Ihr macht euch lustig über die Helden,
die wir in der Schule ehren und an die ich glaube. Ihr
redet nicht mit mir und habt Geheimnisse, die mich
einschüchtern.
Aber ich sage kein Wort. Ich werde ihnen auch später
nicht erklären, weshalb ich einem Glück, einer Freiheit nachrannte, die sie mir verdarben.

Ich weiß es inzwischen besser, Vater, obwohl es bis
heute einen in mir gibt, der aufbrechen will, der die
unbändige Lust verspürt, sich von allem und allen zu
trennen. Ich wäre ratlos wie du, müßte ich eines meiner Kinder suchen und meine Trauer wäre so groß wie
die deine, wenn sie sich nicht aussprächen, den Grund
ihres Aufbruchs verschwiegen. Zum ersten Mal bin
ich imstande, dich zu wiederholen, ein Teil von dir zu
sein. Ich kann mir eure Angst vorstellen. Ihr habt
euch gegenseitig beruhigt. Als er Drachen steigen
ließ, kam er auch viel später. Und als er dem Bauern

im Stall half. Und als er sich, nachdem du ihn ver-
hauen hast, im Schuppen versteckte. Aber da hatte er
einen Grund.

Ich lasse euch über mich reden, wie ich über meine
Kinder redete, und doch anders. Ihr habt von oben
auf »das Kind« heruntergesehen.

Ich weiß nicht genau, wann Großvater starb. Wahrscheinlich 1940, im zweiten Kriegsjahr. Natürlich
könnte ich nachsehen, natürlich könnte ich Vaters
Schwestern fragen. Ich will das Kindergedächtnis in
meinem Kopf nicht festlegen. Ich will mich mit Daten
nicht gegen die Verstörung wehren, gegen die durch-
einandergeratene Zeit, die nur in Bildern genau ist.
Wir, du und ich, haben noch fünf Jahre vor uns, und
ich möchte schon aufgeben, das Kind aus meiner Erinnerung vertreiben, denn meine alt und schlau ge-
wordene Sprache widersetzt sich seiner Sprachlosig-
keit.

Großvater starb und nahm offenbar etwas mit, das die
andern zum Leben brauchten, das sie zusammenhielt.
Sie sanken erst in sich zusammen und stoben dann
auseinander. Ein Sommer wurde unterbrochen. Es
war wirklich so, daß die Bäume dürr wurden, das
Wasser trüb, die Wiesen braun, der Himmel sich grau
auf uns senkte. Sie hatten uns Kindern den Tod Großvaters erst verheimlichen wollen. Er sei krank, läge in
der Klinik in Chemnitz. Aber sie konnten mich nicht
täuschen. Es war ihnen anzusehen, daß er sie verlassen hatte.

Es brauchte lange, mehr als einen Winter, bis die Lähmung nachließ, Großmutter aufbrach, nach Brünn übersiedelte, zurück, wie sie erklärte, was wir aber nicht einsehen konnten, da sie für uns nur hier gelebt hatte, nie an einem andern Ort. Jener Ort, der plötzlich eine Geschichte hatte, die Vater zögernd zu erzählen begann, vom Haus neben dem Domgarten und vom Spielberg, der Festung, in deren Kasematten italienische Freiheitskämpfer in Ketten geschmiedet lagen. Am tiefsten prägte sich mir das hohe schmiedeeiserne Tor zum Domgarten ein, das jeden Abend von einem uniformierten Wächter geschlossen wurde. Es schloß sich vor meinen Träumen, und wenn ich mich ängstlich an die kalten Stäbe klammerte, baute sich aus gewaltigen Steinen eine Festung vor meinen Augen auf.

Als wir nach Brünn kamen und ich das Tor sehen wollte, war es verschwunden. Für mich ist es bis heute vorhanden, ein Überrest der väterlichen Kindheit, der wahr wurde und wirklich bleibt.

Bemühe ich mich, mir zu erklären, weshalb der Tod Großvaters meinen Vater so ohnmächtig machte und er in die Gegend seiner Kindheit, nach Brünn und Olmütz zurückkehren wollte, sich endlich entschloß, das »Reich« zu verlassen und ins »Protektorat« umzusiedeln, dann projiziere ich meine Erfahrungen auf seine und die Erinnerung kann nur korrigieren. Ohne Zweifel hat Großvater ihm nicht nur finanziell geholfen, er hat ihn auch geschützt. Dieser einzige Sohn aus zweiter Ehe war nicht nur sein Liebling, ihm trug er auch auf, das zu erreichen, was ihm versagt geblieben war: eine akademische Karriere. Er hatte Glück. Der junge Mann war gescheit und fügte sich ohne jeglichen Widerspruch den Wünschen seines Vaters, ordnete sich unter und war nach dessen Tod erst einmal nicht fähig, für sich zu entscheiden. Er neigte zur Entschlußlosigkeit. Seine Ängstlichkeit war groß. Bisher hatte er es vorgezogen, im Schatten des Vaters zu stehen und war auch selten aus seiner Nähe gewichen. Er hatte es in Kauf genommen, daß Mutter ihm Abhängigkeit und Unselbständigkeit vorwarf, denn er war das Geschöpf einer unerbittlich gütigen Erziehung, ein Primus ohne viel Kraft und mit schwankender Hoffnung. Die Zeit war ihm nicht günstig. Sie verachtete Empfindsamkeit, verhöhnte die Nachdenklichen als Schwächlinge, witterte in allen, die sich nicht der Norm fügten, Abartige oder Untermenschen. Das wuchs um ihn hoch, spielte mit den Muskeln, ballte die Fäuste. Er mußte sich zurückziehen oder sich wenigstens unauffällig verhalten. Ich habe mir bisher nie klargemacht, wie sehr er sich umstellt sah. Seine Gegner hatten es leicht, mich mit ihren heroischen Spielen und Sprüchen zu gewinnen. Ich war für ihn verloren, ehe er mich überhaupt entdeckt hatte.

Ich weiß nicht, bei wem du dich nach Großvaters Tod ausgesprochen hast. Wahrscheinlich bei niemandem, auch bei Mutter nicht. Sie, die immer auf dem Sprung war, dich mit ihrer Unruhe oft belästigte, hätte deine Skrupel vor Veränderungen nicht verstanden. Sie hat immer fortgedrängt, nach Dresden, nach Brünn. Sie langweilte sich. Ihre Jugend hatte aus lauter Abenteuern bestanden. Dir aber waren Abenteuer ein Greuel, besonders, wenn sie zum Programm wurden.

Du hast uns klug und sorgsam auf die Trennung von Hartmannsdorf vorbereitet, ohne daß es uns auffiel. Jetzt erst, wenn ich dich auf dem Bahnsteig in Chemnitz sehe, das bleiche Gesicht unter der Hutkrempe, stumm unter lauter Abschiedsschreiern, begreife ich, daß du doch gesprochen und dich erklärt hast. Auf deine Weise. Du schicktest uns, Mutter, meine Schwester und mich, nach Brünn in lange Ferien, damit wir die von dir geplante Zukunft ausprobierten.

Es ist dir gelungen. Schon die Fahrt verwandelte uns. Nichts war mir mehr vertraut, die Menschen sprachen und benahmen sich anders, Kleinigkeiten verzauberten mich, jedes Ereignis schien unwiederholbar. Mutter war die ganze Reise über aufgeregt, als könne etwas Unvorhersehbares passieren. Ich saß am Fenster, starrte auf die vorbeijagenden Schwellen. Davon wurde mir schlecht. Nicht aber von den hüpfenden Lichtern in der Nacht. Der Zug hielt in einem Bahnhof, der hell erleuchtet war. Soldaten bildeten eine Sperrkette neben den Waggons. Niemand durfte ein- oder aussteigen. Wir sind in Tetschen-Bodenbach, erklärte Mutter. Mir fiel ein, daß Tante Ella hier wohnte. Richtig, sagte Mutter, Tante Ella, aber sie ließ sie unwichtig werden mit einem anderen Satz, den ich mir wiederholte, wie ein Gesetz: Wir sind an der Grenze.

Und fahren wir über die Grenze?

Ja, antwortete sie leise, als dürfe keiner diese Auskunft hören.

Wie sieht sie aus?

Hier kann man sie nicht sehen, anderswo gibt es Schranken oder Grenzpfähle.

Die Grenze! Zog sich da kein tiefer Graben, kein Wall? War die Grenze keine Einrichtung, die Menschen fängt oder schluckt? Könnte man sie bei Tag nicht als Linie am Himmel sehen, die Grenze? Es war ein Wort, vor dem ich stehenblieb.

Ein Uniformierter riß die Abteiltür auf und verlangte die Pässe. Ich ärgerte mich über Mutters Hast und Unterwürfigkeit. Was mußte sie denn befürchten, wenn Vater uns geschickt hatte? Der Soldat schlug die Hacken zusammen, ehe er die Tür wieder zuzog. Am Fenster führten zwei Uniformierte einen älteren Herrn vorüber. Sie hielten ihn an den Armen fest. Der Herr schaute vor sich auf den Bahnsteig, als erkenne er dort eine Spur, der er nachlaufen müsse.

Was ist mit dem Mann?

Nichts.

Aber –

Nichts.

Der Zug fuhr an, glitt langsam aus dem Licht. Ich drückte mich in die Ecke, täuschte Schlaf vor und schlief dabei ein, wurde erst wieder wach, als Mutter mich rüttelte: Wach auf, wir sind gleich in Brünn!

Am Bahnsteig wurden wir von Großmutter und den beiden Tanten erwartet. Auch sie glichen nicht denen,

die ich in Hartmannsdorf kannte. Wer Grenzen über-
schritt, verwandelte sich offenbar.

Aus schönen, verwirrenden Kleinigkeiten entstand
das Bildnis des jungen Herrn H. Ich füge von mir aus
noch manches hinzu, ergänze und retuschiere, denn
ich habe seitdem mehr gesehen und gelesen und bin
eine Zeitlang auch in diese Rolle geschlüpft, nur
reichte sie mir, wie dir, auf die Dauer nicht aus:
Er tritt aus Zimmern, in denen gedämpftes Licht
herrscht, gefiltert von üppigen Gardinen, Räume, die
nur leise Stimmen erlauben. Schwaden von süßem,
erotisierenden Parfüm und Zigarettenrauch lassen
Bewegungen träge werden, versprechen Laster, von
denen man allenfalls träumt. Denn in Wirklichkeit
seid ihr kleine Bourgeois, die große Sprünge nicht
wagen, sich vorsichtig auf die Bühne der feinen Welt
stehlen und in der Komparserie verschwinden. Aber
leben läßt sich und gelebt wird, verfeinert, wie es
heißt, mit behaglichem Schwung und beträchtlichem
Rückhalt. Man kennt sich, man grüßt sich, man trifft
sich.
In den Semesterferien tritt man nicht vor elf auf die
Straße, natürlich in einem Sommer, der, wenigstens
auf Fotografien, nie verregnet ist. Man ist nach der
Mode gekleidet, ein leichter, heller Leinenanzug und
ein ebenso heller Hut mit grauem Band. Das Stöck-
chen kann sein, mit ihm wirkt man allerdings schon
ein wenig affektiert. Um elf trifft man sich bei Pospi-
schil zu einem Gabelfrühstück, bleibt unter sich, da

die Damen im Hause beschäftigt sind, den Müttern zur Hand gehen müssen, bespricht deren Vorteile und Makel, ohne sich allzusehr zu verausgaben, genießt das Bier, wenn's hochkommt, den Champagner und dazu die delikaten Schweinereien wie Liptauer, Paprikaspeck, eingelegte Früchte, und verabredet sich für den Nachmittag zum Tennis, zum Schwimmen, zu einer kleinen Ausfahrt, wie's eben günstig erscheint.

Das Souper nimmt man im allgemeinen daheim ein und erstattet dabei dem Papa einen freundlich zensierten Bericht über die Umtriebe der Kamarilla, deren einzelne Mitglieder dem Hause von Kind auf bekannt sind, der Peppi, der Joschi, der Moses und der Wenzel. Wie auch, was die Mama interessiert und worüber sie auf dem laufenden gehalten sein will, die dazugehörigen Gschpusis, die Ditta, die Esther, die Theres und das Nannerl. Schön habt ihr's, gut habt ihr's, befinden die Alten und ermessen auf solche Weise den erreichten Stand. Sonderbar, daß sie die Kinder nicht im geringsten beneiden um dieses leichte, leichtfertige Wohlleben, vielmehr weiter rackern, sich heimlich einschränken – ihre verrücktesten Hoffnungen haben sich in den Jungen erfüllt, sie selbst tragen noch die Narben einer armseligen Kindheit im sächsischen Glauchau oder im galizischen Lemberg, trauen sich jeglichen Erfolg zu, werden ihm aber nie trauen.

Der junge Herr H. hat nach dem Mittagsmahl ein wenig geruht und, da er Wert darauf legt, literarisch beschlagen zu sein, in Neuerscheinungen, zum Beispiel von Friedell oder Thomas Mann, gelesen, hat mit seinen Schwestern, Lotte und Käthe, über modische Finessen nachgedacht und sich dann für den Nachmittag verabschiedet. Man stelle sich vor, Joschi habe den Škoda seines Papas für eine Ausfahrt bekommen. Das werde man selbstverständlich nutzen. So geschieht es, die Damen sind mit von der Partie. Man fährt ins Grüne, treibt unterwegs allerlei Jux, wozu sich ein Kabriolett besonders eignet, weiß aber genau, daß dies alles nur Vorspiele für das Picknick, die Jause am Waldrand sind. An regnerischen Nachmittagen, die, so bezeugen es Fotografien und Erzählungen, rar bleiben, trifft man sich im Operncafé zum Tarock, zum Billard. An Beschäftigungen, die zugleich Vergnügungen sind, mangelt es nicht. Die Abende schließlich verbringt man gelegentlich, nicht sonderlich animiert, en famille, folgt, schon angeregter, Einladungen, und in der Saison trifft man sich auf Bällen im Theater, in der Oper. Natürlich in Gala, natürlich mit einem Blick auf die Angebetete, und falls es sich gibt, und geben sollte es sich, artet der Abend hernach aus, die Blase bleibt beieinander, man frequentiert eines der eben beliebten Beiseln oder verschwindet in einem der Etablissements, von denen die alten Herren nach einer der üblichen Generalbeichten meinen, sie seien so nötig wie die Syphilis unnötig ist.

Daß das Glück vom Rande faulen kann, will keiner wahr haben. Wenn der Vater des einen, der andern geschäftlich Pech hat, verschwindet der oder die aus dem Kreis, ohne daß ihnen mehr als ein paar bedauernde Sätze nachgerufen werden. Es könnte ja auch unsereinen erwischen. Das immerhin ahnen sie, und darum kommen sie ohne einen Rest von Melancholie nicht aus, ein verbindender Stoff, der auch die wenigen ernsthaften Gespräche einfärbt: über die schwindende Macht des Präsidenten Masaryk beispielsweise oder das antisemitische Rowdytum einiger Sudetendeutscher, über den Hitlerismus, wie man das nennt, im »Reich«. Aber Spannungen sind ja auch sie ausgesetzt, denen zwischen Deutschen, Juden und Tschechen, daß die Juden es vorziehen, deutsch zu sprechen, auf deutsche Gymnasien zu gehen, daß die Deutschen auf Juden und Tschechen herunterblikken, aber eher mit den Juden gesellschaftlich paktieren als mit den Tschechen, die zwar regieren, immer selbstbewußter werden und dennoch in diesem auf eine blutiges Ende zusteuernden Schauspiel die Plebs darzustellen haben.

Dem waren sie nicht gewachsen, darauf waren sie nicht vorbereitet. Auch der junge Herr H. nicht. Er folgte seinem Vater, der sein Deutschtum entdeckt hatte, ins Reich und begann, ohne daß es rundum auffiel, zu verkümmern. Die Rolle, die er gespielt hatte, hätte ihm gefährlich werden können, und eine andere hatte er nicht eingeübt. So offenbarten alle seine Tarnungen seine Hilflosigkeit.

Nun drängte es ihn zu den glücklichen Anfängen zurück, von denen er wußte, daß er sie nur noch im Gedächtnis anderer finden würde. Das genügte ihm. Uns hatte er vorausgeschickt.

Es ist die Geschichte dreier Wohnungen, dreier Sphären. Ich ziehe, bald ohne Mutters Begleitung, wißbegierig von der einen zur andern. Brünn ist nach Dresden, wo Mutters Eltern leben, die zweite Stadt, die ich erkunde. Und es ist die Stadt, die in meinem Kopf zum Inbild aller Städte wird, auch später durch keine andere ersetzt worden ist, mit ihren von Kinderaugen geweiteten Plätzen und Parks standhält gegen Prag, Wien, Berlin, Paris oder London, aufgebaut worden ist aus Staunen und Neugier. Die Bilder ordnen sich zu einem Album »Stadt«: Der Augarten und die Straße, an der jenes schäbige Haus steht, aus dessen Kellerfenster eine Oblatenbäckerei Mandel- und Honigduft aussendet; ich wandere vom Kaffee-Meinl zum Markt, zum Rathaus und erfinde alle die wahren Geschichten, weshalb in den Arkaden von der Decke ein Wagenrad und ein schuppiger Drache hängen; ich drängle mich zwischen den sonntäglich gekleideten Leuten, die auf dem weiten Platz vorm »Deutschen Haus« dem Konzert zuhören und reise dann mit der Straßenbahn zu Großmutter; ich frage mich, weshalb der Bischof im Dom sich zu Ostern die Füße waschen läßt und warum Vater das Haus, in dem er, noch im Schatten der großen Kirche, seine Kindheit verbrachte, je verließ, denn es gleicht, von Efeu zugewachsen, einer Märchenburg; und immer habe ich, nach aufregenden Um- und Irrwegen, eine der drei Wohnungen zum Ziel; vielleicht auch ihre Bewohner, die mich, weil sie sich in nichts ähneln, anziehen und einschüchtern. Am vertrautesten ist mir noch Großmutter, obwohl auch sie der Grenzübertritt verwandelt hat. Nicht nur sie, selbst die Möbel sehen hier anders aus als in Hartmannsdorf.

Großmutter und Tante Käthe sind eine von zwölf Parteien in einem fünfstöckigen Haus, das mit seinem reich dekorierten Treppenaufgang mir wie ein Palast vorkommt, hinter dessen mit Spionen versehenen schweren Holztüren gutmütige Hexen wohnen, wie Madame Longe, oder frühzeitig gealterte, über eine Batterie von Schminktöpfen gebietende Primadonnen wie »Tante« Tilly. Sie bilden Großmutters Hofstaat, treffen sich zum Kaffee, zum Tee, ich habe sie auf beide Wangen zu küssen und merke, wie unterschiedlich Rouge und Puder schmecken, werde belobt und betätschelt, lege mich auf den schönen, weichen Teppich in Tante Käthes Zimmer, lese und höre ihren Gesprächen zu, die erst im verspäteten Wiederholen ihren Sinn bekommen:

So übel ist der Neurath nicht. Mit ihm als Reichsprotektor können wir noch zufrieden sein.

Immerhin ein Herr mit Benimm.

Was man von dem Hácha nicht sagen kann.

Ich bitte Sie, keiner ist so arm dran wie er.

Wieso, er hätte sich ja nicht in dieses Amt drängen müssen.

Vielleicht hat er sich opfern wollen.

Das kann ich mir im Ernst nicht denken.

Unter den Habsburgern wäre uns das alles nicht passiert. Es hätte auch keinen Hitler gegeben.

Einig waren die Frauen sich, daß es gesegnete Jahre

unter dem gütigen Kaiser Franz Joseph gewesen seien. Es sind alles Namen, die ich lernen muß. Auf irgendeine Weise Spiegelnamen zu Goebbels, Göring, Ribbentrop. Hácha mußte der Führer der Tschechen sein, aber doch wieder nicht, denn es hatte noch einen Beneš gegeben, der geflohen war, und Herr Neurath wiederum mußte mehr Macht haben als alle miteinander, weil er Deutscher und von Adolf Hitler geschickt war.

Ganz anders verliefen die Unterhaltungen in Tante Lottes kleiner Wohnung in den Schwarzen Feldern. Tante Lotte war Vaters zweite Schwester. Sie hatte einen Tschechen geheiratet, Onkel Beppo, einen ausgezehrten, oft bedrohlich lodernden, dann wieder mitreißend ausgelassenen Mann, der kurz vor Kriegsende an Schwindsucht starb. Wenn ich mit der Straßenbahn zu ihnen fuhr, hatte ich den Eindruck, die Stadt zu verlassen. In den Schwarzen Feldern gab es nicht ein einziges altes Haus, nur neue, weißgetünchte Kästen, von einem einfallslosen Baumeister auf ein weites Areal gestreut. Die Straßen führten schnurgerade zwischen ihnen hindurch und endeten an Äckern. Onkel Beppo hielt mich in Atem, er hänselte mich, forderte mich heraus, nahm mich ernst. Seine Familie hatte mit Tuchen gehandelt, handelte noch, wenn auch durch die deutsche Besatzungsmacht sehr eingeschränkt. Sie waren vermögend, besaßen einen Block von Mietshäusern, in deren einem Onkel Beppos Mutter, die Babitschka, gemeinsam mit ihren Töchtern, Tante Manja und Tante Čenka, eine Wohnung hatte, das dritte Ziel meiner Expeditionen. Onkel Beppo malte mit haardünnen Pinseln auf Elfenbeinblättchen Porträts, wobei das Grammophon ununterbrochen Smetana oder Dvořak spielte, seine Heiligen, die er anbetete als die »Stimme des tschechischen Geistes«; oder er ging angeln, brachte Forellen, Hechte, Karpfen, vor allem aber Krebse nach Hause, die in der Badewanne ihre letzte Nacht verbrachten, eigentümlich knirschende Geräusche von sich gaben und am nächsten Tag in einen riesigen Bottich geworfen wurden, sich rot färbten. Dann lud er zu einer Fresserei ein, die kein Ende nahm und allemal abgeschlossen wurde mit Likör, den er selbst angesetzt hatte und der in grellen Farben in den Gläsern schlierte. Er behandelte Tante Lotte herablassend, eher wie eine Sklavin als wie seine Frau und ich meinte, er räche sich an ihr für alle Deutschen, die er haßte. Ich hatte schnell heraus, womit ich ihn verletzen konnte. Wenn ich das Horst-Wessel-Lied summte, dann eilte er, bleich und fahrig, zum Grammophon und legte Smetanas »Vyšehrad« auf.

Dennoch nahm Onkel Beppos Anziehung von Tag zu Tag zu. Er färbte mich gleichsam um. Die Woche über pflegte er sich an den Vormittagen in seinem »Laden« aufzuhalten, wo in einem einzigen Regal einige Stoffrollen lagen, wunderbare englische Ware, wie er behauptete, und offensichtlich unverkäuflich. Weshalb er trotzdem die Geschäftszeiten streng einhielt und ich ihn nicht dorthin begleiten durfte, blieb mir ein Rätsel, das sich erst allmählich lüftete und das um so unheimlicher wurde: die Ladenstube diente als Treffpunkt tschechischer Widerständler, und Onkel Beppo galt anscheinend als deren Drahtzieher.

Ich malte mir aus, wie ich mit einigen Hitlerjungen Onkel Beppo und seine Freunde überraschte. Allzu viel Unglück wünschte ich ihm jedoch nicht, denn bei guter Laune gab er sich mit mir ab, erzählte mir Jagdgeschichten, spielte mir seine Lieblingsmusik vor, sang mit heiserer Stimme »Kde domov můj«, die tschechische Hymne, oder las mir aus einem Buch vor, das er allen anderen vorzog und das auch ich ins Herz schloß: Božena Němcovás »Babička«.

Mutter nannte Onkel Beppo einen Chauvinisten. Ich grübelte lange über dieses Wort nach, ließ es mir schließlich von Tante Käthe erklären, verstand aber nicht, wie Mutter übertriebene Vaterlandsliebe verurteilen konnte, die der Führer doch auch von uns verlangte.


Ich sitze bei Tante Lotte in der Küche, sehe ihr zu, wie sie Fische ausnimmt, aber im Grunde bin ich nicht anwesend, lausche konzentriert auf die Unterhaltung nebenan, im Wohnzimmer, wo Onkel Beppo und sein Freund Waldhans »schuschkern«, flüstern, wo, nach meiner festen Überzeugung, eine Verschwörung angezettelt wird. Doch ich kann mir die Bruchstücke nicht zusammenreimen, weil ich Tschechisch kaum verstehe, mir nur bei »ano« ein »Ja« denken kann oder bei »dobře« ein »gut«, und ich inzwischen weiß, daß

Žlin eine Stadt ist. Žlin kommt häufig vor. Sie reden und reden. Ich frage Tante Lotte, was Onkel Waldhans denn von Onkel Beppo wolle. Sie schaut mich nicht einmal an: No, weißt du, sie gehen miteinander zum Fischen, und da müssen sie noch einiges bereden.

Ich bin sicher, Tante Lotte weiß es besser und belügt mich.

Wenn ich aller dieser finsteren Machenschaften überdrüssig bin, fahre ich zur Babitschka, Onkel Beppos Mutter. Der Weg zu ihr ist mir unangenehm, er führt durch die Vorstadt zu einer breiten, grauen Straße, die aus unerfindlichen Gründen »Gröna« heißt und an deren Ende das wabenähnliche Haus steht, in dem die Babitschka wohnt. Überdies muß ich, um zum Treppenhaus zu gelangen, noch durch eine finstere, stinkende Toreinfahrt.

Ich verfiel ihr bei der ersten Begegnung. Babitschka vereinigte alle Frauen der Welt in sich, war jung und alt, einmal Dame und einmal Köchin, sie las mit Lorgnon in alten Büchern und schrubbte gleich darauf knieend den Küchenboden, sie verkleidete sich, wie es ihr beliebte, trug Blusen aus Damast oder eine bunt geflickte Kittelschürze. Sie herrschte über uns und belebte uns gleichzeitig mit einem Gefühl von Freiheit und Selbständigkeit, das wir uns sonst nicht zutrauten. Alles um sie herum, auch die Gegenstände, existierte heftiger und leichter. Vielleicht gelang ihr das alles, weil sie ihr Lebensalter nicht verleugnete, sondern als alternde Frau noch immer von den Wünschen eines Mädchens bedrängt wurde. Ihr Mann war ihr, wie sie es ausdrückte, früh von der Seite hinweggestorben. Sie verwaltete für den Sohn und die beiden Töchter das Vermögen, das durch den Ersten Weltkrieg, die Weltwirtschaftskrise und nun durch die Konfiszierungen der Deutschen fast ganz verlorengegangen war. Was sie alles kaum scherte, solange man ihr die Wohnung ließ, die Mieteinnahmen, und das Netz von Beziehungen nicht riß, das sie in Jahrzehnten geknüpft und das zu ihrem Lebensgewebe geworden war. Die Bauern der Marchebene waren darin verwoben, von denen sie Beeren, Obst, Gemüse zum Einwecken und Kochen erhielt, die kleinen Kaufleute, die sie mit dem Nötigsten versorgten, wobei von Not nie die Rede sein konnte, die Schneiderin, die für sie einen Vorrat von besten Tüchern und Stoffen aufbewahrte, die Freunde und Freundinnen, die täglich kamen und gingen, Tschechen, Deutsche und Juden, die ihr auch dann noch willkommen waren, als jeder Spitzel sie verraten konnte, die sie verabschiedete, als sie abgeholt wurden und deren Habe sie in einem Kellerverschlag aufhob, der selbst für die eigenen Kinder »tabu« blieb. Das war eines ihrer Wörter: Tabu. Mit ihm sicherte sie Räume, verriegelte sie die Luft.

Was regst dich auf, Tschaperl! sagte sie und zog mich an sich, so, wie es nicht einmal Mutter konnte; ihr Atem teilte sich mit, beruhigte, ihre Wärme nahm einen auf. Nichts konnte mich fortlocken, wenn Babitschka in der Küche tätig war. Sie herrschte über zwei Küchen, die kleinere Nudelküche, wo sie auf ei-

nem großen, weißgescheuerten Holztisch Teig knete-
te, schlug, walkte und über die richtige Küche, in deren Mitte ein gewaltiger Herd stand. In drei überein-
anderliegenden Öfen konnte gebacken und gebraten,
auf sieben oder acht Ringen gesotten, gekocht, ge-
schmort werden.

Nur wenn eingedünstet wurde, durften wir ihr helfen, auskernen und abbeeren, sonst brauchte sie uns
nicht, sprang aus einer Rolle in die andere, redete mit
sich und rief sich Anweisungen zu, die Köchin der
Mamsell, die Tellerwäscherin dem Küchenjungen. Sie
war flink und behäbig, schwoll an und war im nächsten Augenblick bindfadendünn. Sie zauberte, hexte,
zog Hasen das Fell vom Leib, rupfte Gänse und Fasa-
nen, daß sie in einer Wolke von Federn und Flaum
saß. Sie redete Braten Kruste in die Haut und betete,
wenn es um die Bläue eines Karpfens ging. Kam es
darauf an, schüttelte sie Korinthen aus dem Ärmel
und Berge von Nußbeugeln auf die festlich ge-
schmückte Kaffeetafel.

Zweimal erlebte ich sie so, daß ich es nacherzählen
kann:

Ich habe nicht bemerkt, daß sie auf den kleinen, eher
einem Söller gleichenden Küchenbalkon getreten ist,
vielleicht um sich Schnittlauch oder Petersilie zu holen. Sie steht im Gegenlicht, stützt sich auf die Brüstung. So sehe ich sie jetzt. Sie rührt sich nicht. Alles
was sie ist, für mich sein kann, stellt sie in diesen wenigen Minuten dar. Ihre Ruhe ist schön. Ihre Gelas-
senheit zieht mich an. Ich weiß nicht, was sie unten im

Hof beobachtet, woran sie denkt. Sie bleibt still; das Sommerlicht faßt sie ein. Nun höre ich sie rufen, mit ihrer ein wenig heiseren Männerstimme. Meint sie mich? Ich rühre mich nicht, sondern warte. Sie ruft hinunter in den Hof. Dann wendet sie sich um, ohne jede Hast, kommt zurück in die Küche und sagt: Diese Lausbuben reißen, wenn man nicht achtgibt, immer die Teppiche von der Klopfstange.

Das andere Mal waren wir Kinder gar nicht zugelassen. Babitschka hatte zu einem Abendessen eingeladen. Wir aßen in der Küche und Tante Manja brachte uns frühzeitig zu Bett. Die Geräusche der fremden Wohnung hielten mich wach. Ich glaubte, von fern Stimmen zu hören. Ich kletterte aus dem Bett und öffnete vorsichtig die schwere Tür. Im Korridor brannte kein Licht. Es war finster. Immer wieder gegen Stühle und Kommoden stoßend, folgte ich den Stimmen. Am Ende des langen Flurs stand die Tür zum Speisezimmer um eine Handbreit offen.

Um den großen, runden Tisch saßen Damen und Herren, unter ihnen Mutter, die vier Tanten, Onkel Beppo. Sie unterhielten sich, das Gespräch hörte sich an wie Musik. Die Babitschka saß zwischen Onkel Beppo und Mutter, und mir kam es vor, als sitze sie erhöht. Sie trug ein Kleid, dessen Stoff im Licht des Lüsters glitzerte. Aber auch die Kette um den Hals und ein Armreif funkelten. Babitschkas breites Gesicht war gerötet, sie lachte, gestikulierte, nickte, schüttelte den Kopf – es geschah alles auf einmal, und doch wirkte sie ruhig und auf eine überhaupt nicht vergleichbare Weise schön. Ihr Anblick überwältigte mich so, daß ich den Atem zu lange anhielt und stöhnend die Luft ausstieß. Babitschka, die ihre Augen überall hatte, sah mich. Nach einer Zeit stand sie auf, ging erst zur Anrichte, betrachtete die in einer Reihe aufgestellten Gläser und sagte, schon auf dem Weg zur Tür: Ihr entschuldigt mich einen Moment.

Sie zog die Tür hinter sich zu, legte den Finger auf die Lippen, schob mich vor sich her bis in die Küche. Hier war es hell, überall standen schmutzige Kasserollen und Schüsseln herum. So sieht's aus, wenn ich Gäste hab', sagte sie, und forderte mich auf, es mir gemütlich zu machen. Sie goß in einen Römer etwas Wein und stellte ihn vor mich hin. Sie selbst hielt schon ein Glas in der Hand.

Auf dein Wohl, Lausbub, sagte sie. Warum sollst du nicht auch etwas haben von unserm Fest?

Hast du Geburtstag, Babitschka? fragte ich.

Nein, sagte sie, wir feiern, weil wir nicht wissen, ob wir noch einmal feiern werden. Verstehst du?

Sie setzte sich neben mich auf die Holzbank, zog mich an sich. Das Kleid knisterte; ich schämte mich ein wenig. Sie küßte mich auf die Stirn. Ihre Lippen waren trocken, obwohl sie eben einen Schluck Wein getrunken hatte. Die Babitschka ist doch alt, dachte ich.

Mit kleinen Schritten verließ sie die Küche. Wenn du magst, kannst du noch ein bissel bleiben und schauen, was dir aus den Schüsseln schmeckt. Dobrou noc, Bub.

Vater wartet am Bahnsteig in Chemnitz, kommt uns ein paar Schritte entgegen, nimmt Lore auf den Arm, streichelt mir über den Kopf. Er hat einen hellen Sommermantel an und, wie immer, den Hut mit der weichen Krempe auf. Er geht vor mir her. Ich trage meinen kleinen Koffer. Ich sehe wie er geht und weiß jetzt, wie man es nennt, wenn einer beim Gehen die Füße nach außen stellt; der schmattelt, sagte Tante Lotte, als einer so vor uns ging. Ich sagte, Vater schmattelt auch, und brachte Tante Lotte damit zum Lachen. Es stimmt, du hast recht. Er schmattelt, er geht schwer und bekümmert. Mutter erzählt und Vater fragt ständig nach: Meint Beppo wirklich? Glaubst du, daß man sich in dieser Sache auf Manja verlassen kann? Mich fragt er bloß, wie es mir in Brünn gefallen habe. Gut, antworte ich.

Das freut mich, sagt er.


Tage später habe ich zu reden begonnen. Ich saß bei dir im Büro am Rauchtisch, schrieb meine Hausaufgaben. Ab und zu schautest du mir prüfend über den Rücken, schriebst an dem von Wülsten gefaßten schwarzen Schreibtisch, und es war so, daß ich von Babitschka, Großmama und Onkel Beppo erzählen konnte. Von der Nudelküche. Von den Krebsen in der Badewanne. Von Onkel Beppos Elfenbeinbildchen. Von dem verschwundenen Parktor auf dem Domberg.

Nach einer Weile fragtest du: Würdest du gerne in Brünn oder einer ähnlichen Stadt wohnen?

Weshalb erklärtest du nicht einfach, daß du einen Umzug plantest? Ich hätte dich verstanden, auch deine Gründe: daß dir Großpapa fehlte, daß es dir schwerfalle, Klienten zu gewinnen, daß du keine Chance sähest, auf einen grünen Zweig zu kommen.

Weißt du, was schmatteln ist? fragte ich.

Du sahst verdutzt von den Akten hoch: Ja, aber wie kommst du darauf?

Du schmattelst!

Ja. Du lachtest und warst gleich wieder ernst: Sag dieses Wort nicht – ich bitte dich.

Aber –

Es stimmt schon, daß ich schmattle, aber es ist eine Sprache, die jetzt nicht stimmt, die gefährlich ist.

Gefährlich?

Glaub es mir.

Erneut hältst du vor der Wahrheit an. Ich weiß, du wolltest mich schonen.


Ich versuche, seine Überlegungen und Vorbereitungen zu beschreiben. Es muß eine Zeit äußerster Spannung gewesen sein. Er durfte seine Pläne nicht vorzeitig aufdecken, die Anwaltskammer erst verständigen, wenn alle Absprachen getroffen und nicht mehr zu widerrufen waren. Der Tod seines Vaters hatte ihn gelehrt, wie abhängig er gewesen war. Gegen diesen breiten Rücken hatte er sich gelehnt, und keiner hatte es anders von ihm erwartet. Im nachhinein schämte er sich deswegen, mehr noch, er hielt sich für untauglich, seinem Beruf nachzukommen und eine Familie zu unterhalten, war nahe daran, eine Stelle in der Justizverwaltung oder bei der Industrie zu suchen. Dort aber würde er eben jenen ausgesetzt sein, deren Großmäuligkeit er verachtete. Sein Anfang fiel in eine falsche Zeit und er ahnte, daß ihm ein zweiter Anlauf nicht erlaubt sein würde. Er war »nicht geeignet«. Nicht nur die berufliche Erfolglosigkeit belastete ihn. Seit acht Jahren war er verheiratet und mit jedem Tag stieg seine Furcht, die Frau, die er aus Liebe und gegen den Willen seiner Eltern geheiratet hatte, zu verlieren. Ihretwegen hatte er ein einziges Mal rebelliert. Ihretwegen hatte er sich, nach der Meinung seines Vaters, auf ein Abenteuer eingelassen. Sie hatten sich an einen der denkbar langweiligsten Orte zurückgezogen und er scheute jedes Wagnis, um die labile Existenz nicht zu gefährden. Sie hingegen brauchte die Stadt, war gierig auf Menschen, lechzte nach Abwechslung und beschuldigte ihn, ständig Rückhalt bei Stärkeren zu suchen, nichts, aber auch gar nichts zu wagen, feige zu sein. Sie verletzte ihn wissentlich, um ihn voran- oder wegzutreiben. Er schwieg. Nicht einmal streiten konnte er sich. Aus der Ratlosigkeit wurde Trauer.

Endlich fing er an zu handeln, korrespondierte mit ehemaligen Studienkollegen, die im »Protektorat Böhmen und Mähren« als Anwälte praktizierten, erkundigte sich – doch immer so, als ginge es nicht um ihn –, ob ein Sozius fehle, eine Bürogemeinschaft nach einem Partner suche oder ob eine Praxis frei werde. Es freute ihn, daß die Freunde von einst ihn nicht vergessen hatten. Er hatte, sowenig selbstsicher wie er war, eigentlich damit gerechnet. Die Korrespondenz stimmte ihn zuversichtlich und erinnerte ihn an seine Jugend. Er beschloß also, uns zu prüfen und schickte uns in die Ferien nach Brünn.

Wir hatten bestanden, das »fremde Land«, das er als seines betrachtete, hatte uns nicht zurückgewiesen. Wir konnten aufbrechen.

Ich staune, wie schnell eine Wohnung leer und unwirtlich ist. Ich dachte mir, die Möbel seien festgewachsen, die Zimmer könnten nie anders aussehen. Jetzt sind sie leer und wenn man laut spricht, macht das Echo sie groß und hoch.

Wie eine Wagenburg hat Mutter Koffer und Taschen um uns aufgebaut. Sie befiehlt uns, still zu sitzen, während sie selbst unruhig hin und her trippelt. Ihre Stöckelabsätze hämmern den Linoleumboden, dessen Schäbigkeit plötzlich bloßliegt. Sie hält nichts mehr, sie drängt fort.

Vater steht am Fenster und sagt: Das Taxi ist da. Er sagt es freundlich, beinahe abwesend. So war er den ganzen turbulenten Tag lang gewesen. Er hatte überall geholfen, Aufregungen gedämpft, uns mit kleinen Pflichten abgelenkt. Er hatte sogar, was ich verwegen und gut fand, mit den Möbelträgern aus einer Flasche Bier getrunken.

Das Taxi ist da.

Da der Zug erst am Morgen fuhr und die Betten im Möbelwagen verstaut waren, mußten wir im Hotel übernachten. Wir freuten uns darauf. Mutter hatte Lore und mir diese Zwischenstation schmackhaft gemacht, und wir erwarteten Luxus.

Vater setzte uns vor dem Hotel ab, fuhr weiter, begleitete uns nicht einmal bis zum Portier. Er reiste, was er uns nicht zumuten wollte, mit dem Nachtzug voraus, um, wie er erklärte, den Papierkram zu erledigen, unseren Einzug vorzubereiten.

Die heimliche Beharrlichkeit der letzten beiden Jahre hatte sich ausgezahlt. Freunde hatten für ihn die Verbindung zu einem alten Anwalt in Olmütz geknüpft, der sich zur Ruhe setzen wollte, wohl auch aus politischen Gründen. Er suchte nach einem Nachfolger, dem er vertrauen konnte und der es mit seiner Klientel nicht verderben würde. Vater schrieb ihm. Der Brief mußte den alten Mann überzeugt oder wenigstens angeregt haben, denn es entwickelte sich eine Korrespondenz, in der sich wahrscheinlich eine Freundschaft erklärte, ohne daß sich die Briefpartner kennenlernten. Vater wollte auf keinen Fall in »die Tschechei« reisen, ehe er einen Kontrakt habe. Der alte Mann willigte schließlich in den Vertrag ein, ohne den Nachfolger zu Gesicht bekommen zu haben. Ich wünschte mir, dieser Briefwechsel wäre erhalten geblieben: Wahrscheinlich hat Vater zuerst von seinen Bindungen zu Brünn erzählt, zur mährischen Landschaft, von seinem Studium in Prag, doch danach schrieb er, wenn auch noch so, wie ein Schüler hinter der vorgehaltenen Hand, über seine Unsicherheit, daß er, ohne die finanzielle Unterstützung seines alten Vaters, die Praxis schon lange hätte aufgeben müssen und daß es ihm nie gelungen sei, das Mißtrauen der Hartmannsdorfer zu überwinden; die meisten der Klienten bedienten sich seiner nur in Bagatellfällen.

Diesem alten Herrn, den er nicht kannte, der ihm jedoch verständnisvoll und schonend antwortete, konnte er sich offenbaren, ohne Vorwürfe oder Herablassung fürchten zu müssen. Er vertuschte nichts mehr, sogar auf die Gefahr hin, die Praxis nicht übernehmen zu können. Er sah ein, daß er, in eine falsche, zustimmende Freundlichkeit zurückweichend, seine Gegner geradezu herausgefordert hatte. Er war für sie nicht Knochen, nicht Fleisch, nicht für den Führer und nicht gegen ihn, ein Parteimitglied, doch auf sonderbar sanfte Art renitent. Also ein Schwächling – oder sogar ein heimlicher Feind, dessen Familie ohnehin, wie es hieß, einen »Webfehler« hatte. Warum hatte er sich nicht gewehrt?

Der alte Mann in Ölmütz tröstete ihn nicht, sage ich mir, ich wünsche, daß er sich nicht rühren ließ und schließlich entschied: Wenn er den Platz räume, dann müsse der Jüngere auch die Klienten übernehmen, die ihn, da könne er sicher sein, nicht schonen würden, Tschechen zum Beispiel, die gegen die reichsdeutschen Eindringlinge um ihren Besitz prozessierten, die schwierigsten und häßlichsten Enteignungsverfahren also, und immer auf seiten der Schwächeren, der voraussichtlichen Verlierer, Juden sogar, die wenigen, die nicht schon nach Theresienstadt abtransportiert worden waren und die in einer aussichtslosen Lage bei den Behörden um die Prolongierung ihres Vorhandenseins, ihrer Existenz nachsuchten. Der Alte bemühte sich, dem Briefpartner Angst zu machen. Es gelang ihm nicht, im Gegenteil: Ich will es versuchen, sagte mein Vater. Es ist mir erst viel später aufgegangen, was er versuchen wollte.

Das Hotel sah nicht einladend aus. Es war ein schäbiger, schmaler, zwischen zwei hohe Häuser geklemmter Kasten. Die verdunkelten Fenster wiesen uns ab. Die Tür war zu hoch, zu schwer, ich konnte sie nur mit Mutters Hilfe aufdrücken. Da sie den Lichtschalter nicht fand, tasteten wir uns in dem finsteren Treppenhaus hoch, gelangten durch eine Schwingtür in den schwachbeleuchteten Empfangsraum.

Der Portier entsprach nicht Mutters Erzählungen, trug keine Jacke mit silbernen Schlüsseln auf dem Kragen, benahm sich nicht wie der Herrscher über zahllose Zimmerfluchten; er war ein alter, schlampig gekleideter Mann, das Gesicht vom Schlaf stumpf. Er sah ungerührt zu, wie wir Koffer schleppten, und ließ sich auch nicht durch ein vorwurfsvolles Kopfschütteln Mutters zur Hilfe ermuntern. Wir hatten ihn anscheinend gestört; dieses Hotel brauchte keine Gäste. Sie kommen ziemlich spät, murrte er. Ich kann ihn bis heute hören, in einem schnarrenden Feldwebel-Sächsisch: Nu trachen Se sich erscht e mal ein. Se ham Zimmer dreiendreißsch. Zu essen gibt's nischt mehr.

Da sind Se zu spät. Wann wolln Se frühschtücken? Is ja egal. Uff jeden Fall ham mer Frühschtück erscht ab siebne. Ach ja, 's Wasser is abgestellt. Wasser ham Se in Krüchen uffm Zimmer und uffm Klo. Gehn Se sparsam damit um, niwwahr? Und wenn Se jetzt ruffgehn, der Aufzuch is gabudd, 's Zimmer is im dritten Stock, mach'n Se bitte leise, de meisten Gäste schlafen schon. Uffm Gang brennt ne Notleuchte. Weggn gönn mer Se nich. Das müssen Se sich schon selber. Ich wünsch ne angenehme Nacht.

Der Weg zu dem Zimmer nimmt kein Ende. Im Treppenhaus brennt nur ab und zu eine blaugefärbte Birne. Da wir das schwere Gepäck ständig absetzen, geraten wir durcheinander. Vor einigen Zimmern stehen Schuhe, immer ordentlich Sohle an Sohle, es sieht aus, als stünden Gespenster stramm.

Kommt schon, kommt schon, drängt Mutter.

Sie hat sich verzählt. Wir sind in den Flur des zweiten Stocks hineingestolpert, haben vor Türen angehalten, bis ihr die falschen Zahlen auffallen und sie feststellt: Wir müssen noch eine Etage höher.

Ich möchte noch was essen, sage ich.

Ich auch, sagt Lore.

Die Nacht ist nicht lang, wir werden frühstücken, vertröstet uns Mutter.

Das muß es sein. Mutter schließt die Zimmertür auf; wieder brennt das Licht sparsam, wieder verschwinden die Möbel in einem schmutzigen Dunst.

Lore sagt: Ich möchte aber hier nicht schlafen.

Mutter läßt die Koffer fallen, lacht auf. Ich auch nicht,

Kind. Staunend und angewidert mustern wir die Einrichtung, das Doppelbett, vor dem eine Couch steht, deren Bezug so abgewetzt ist, als hätten Kompanien darauf paradiert, das Waschbecken, über dessen Rand drei Handtücher geworfen liegen, an denen sich jemand, wie zur Probe, die Hände abgetrocknet hat, den Hocker daneben, auf dem der Wasserkrug steht und den Schrank, dessen Türen vermutlich seit langem offenstehen, da das Schloß sie nicht hält.

Mutter schüttelt sich und schlägt vor: Wißt ihr was, wir legen uns alle drei in das große Bett, machen uns warm und vergessen alles im Schlaf.

Hastig ziehen wir uns aus, Mutter besteht darauf, im Gräbchen zu liegen, wir kuscheln uns an sie, und ich schlafe tatsächlich ein, müd von einem Tag, an dem nur ausgeräumt wurde.

Ich wache an einem Geräusch auf, das ich mir zuerst nicht erklären kann, ein Hecheln, so, als ziehe jemand mit gierigen Zügen Luft ein. Mutter weint, der warme Körper neben mir zieht sich in unterdrücktem Schluchzen zusammen. Es ist ein Weinen, in das ich mich nicht einmischen darf. Ich lausche auf das Schluchzen und wage mich nicht zu rühren. Ich halte so angestrengt still, daß die Glieder schmerzen. In mir steigt eine Wut gegen Vater hoch, der das alles angerichtet hat, der einfach davongefahren ist, ohne Erklärung.

Ich habe Vater zu Unrecht verdächtigt. Er empfing uns ganz und gar verwandelt, hatte zurückgefunden in eine heitere Beweglichkeit, die mir neu war und die auf mich, auf uns wirkte wie ein unerwarteter Klimawechsel. Er lachte, rief, ehe wir noch den Zug verlassen hatten. Wir standen mit unserem Gepäck um ihn herum und warteten, daß er weitere Wunder veranlasse. Sie geschahen tatsächlich: auf seinen Wink erschienen drei Frauen, Tante Käthe, Tante Lotte und Tante Manja, entfalteten einen lauten, fröhlichen Begrüßungswirbel. Im Nu standen wir vorm Bahnhof, wurden in ein Taxi verstaut, landeten erst in Großmutters Wohnung, wo wir schlafen würden, und wo wir mit Kuchen und Kakao traktiert wurden, bis wir wieder aufbrachen, gemeinsam zu Tante Lotte zogen, lärmend vor Glück und Müdigkeit, wo Onkel Beppo uns gravitätisch empfing, uns Kindern zur Feier des Tages sogar giftgrünen Likör einflößte, Waldmeister, und zwar selbst angesetzten, und uns dann auf der Straßenbahnfahrt zur Babitschka begleitete. Die Bilder der Stadt wirbelten vor meinen Augen . . . Mir wurde übel, ich fing an zu heulen, Lore ebenso, was die Erwachsenen sich offenbar gewünscht hatten, denn sie übertrafen sich gegenseitig, uns zu trösten, zu streicheln, zu umarmen, so daß die Babitschka uns nur einzufangen brauchte, zwei von einer langen Reise erschöpfte Vögelchen, und plötzlich Ruhe um uns herstellte, den Lärm abwinkte, uns aufs Sofa verstaute, unter weichen, kühlen Plumeaus vergrub, auf Tschechisch liebe Unverständlichkeiten murmelte und wir am falschen Ort einschliefen, die aufgeregten Stimmen der

Großen im Kopf, die lustigen Bilder des Empfangs. Dobrou noc.

Vaters Pläne gerieten durcheinander. Wir hielten uns nicht nur einige Tage in Brünn auf, sondern richteten uns für längere Zeit ein. Ich wurde an der Schule in den Schwarzen Feldern angemeldet, litt unter der Fremde und machte mich bei den Mitschülern mit Lügengeschichten groß. An den Nachmittagen wechselte ich die Wohnungen, erlebte zum ersten Mal, daß die Erwachsenen mich ernst nahmen, mir Bücher liehen, sich mit mir unterhielten, mich sogar am frühen Abend noch in eine Weinstube mitnahmen. Über den Krieg wurde kaum gesprochen.

Vater war öfter unterwegs, in Prag und in Olmütz, doch von den Schwierigkeiten, die sich vor ihm türmten, teilte er nichts mit. Ich habe nicht herausbringen können, weshalb wir nicht gleich nach Olmütz zogen, warum die Möbel im Magazin gelagert wurden. Vater mußte sich in Prag »vorstellen«. Wahrscheinlich vor einem Ausschuß deutscher Juristen. Denn er ging einen beinahe unerlaubten Weg, fort aus dem Reich in das Protektorat, ohne Auftrag, ohne Mitglied einer kriegswichtigen Organisation zu sein. Er floh. Zwar hatte er seine Jugend in Brünn verbracht und in Prag studiert, doch inzwischen galt er als Reichsdeutscher. Sie werden über seine Rechtsauffassung diskutiert haben und ich nehme an, er konnte einigen vertrauen. Vielleicht war ihnen der Olmützer Vorgänger suspekt, dieser alte Mann, der seinen Platz nicht einfach räumte, sondern auf jemanden wartete, dem er zutraute, die über Jahrzehnte praktizierte Gerechtigkeit gegenüber Tschechen, Juden und Deutschen fortzuführen.

Während dieser Verhandlungen, Reisen, von denen er gleichmütig und stets mit Geschenken nach Brünn kam, traf ein Ereignis alle, wenn auch höchst unterschiedlich. Reinhard Heydrich, der Stellvertreter des Reichsprotektors, fiel einem Attentat zum Opfer. In der Schule wurden wir zu einem Appell auf den Hof gerufen, die Fahne sank auf Halbmast, der Direktor erzählte uns mit tränenerstickter Stimme von dem strahlenden, großen Mann, der befähigt gewesen sei, Böhmen und Mähren endgültig ins Reich zurückzuführen. Der Mord werde, wir könnten sicher sein, furchtbar gerächt werden. In diesem Augenblick verleugnete ich meine tschechischen Verwandten, sogar mit Babitschka wollte ich nicht mehr umgehen. Erst meinte ich, auch Vater teile die Trauer der Deutschen, denn er war bedrückt und schwieg wieder wie früher. Onkel Beppo bat mich, das Zimmer zu verlassen, als ich beim Mittagessen von der Schulfeier berichtete und erklärte, »wir« würden uns rächen. Babitschka sagte: Was kann das Kind dafür? Sollen wir so blöd sein wie die andern? Tage später sah ich Onkel Beppo weinend neben dem Grammophon sitzen. Ich schlich mich in die Küche, hörte, wie Tante Lotte Mutter von Lidice erzählte, einem Ort, in dem die Deutschen alle Männer erschossen hätten, weil einer der Attentäter von dort gekommen sei.

Mutter sagte ebensowenig wie ich.

Ich hatte Angst, so zu denken und womöglich so traurig sein zu müssen wie Onkel Beppo, wie Babitschka, die sich in ihrem Zimmer eingeschlossen hatte, niemanden sehen wollte. Es war eine tschechische Traurigkeit; die war mir von den Lehrern verboten.

An einem Abend hörte ich, wie Vater leise zu Mutter sagte: Ich habe wenig Aussichten. Bald werden sie auch die u.k.-Gestellten einberufen. Ich bin nicht sicher, ob ich vorher noch die Praxis übernehmen kann.

Mutter versuchte ihn zu beruhigen. Mit deiner starken Kurzsichtigkeit, und dem Herzfehler wird man dich erst einziehen, wenn alles zusammenbricht. Sie sagte: »alles zusammenbricht.« Ich hätte am liebsten losgebrüllt. Sie hatte sich von Babitschkas und Onkel Beppos tschechischem Denken anstecken lassen.

Als sie sich so unterhielten, hatte Vater noch drei Jahre zu leben.

Ich habe diesen Satz geschrieben und einige Male durchgestrichen. Nun lasse ich ihn stehen. Er stemmt sich gegen das, was ich bisher unter Erzählen verstand, gibt der Sprache Zeit zurück, durchdringt sie mit einem Ernst, der alle Erfindung fragwürdig macht. Das ist keine Gestalt, über deren Leben ich bestimme, auch keine, die ich nur aus Protokollen, Briefen, Literatur kenne, und deren Tod als Datum feststeht. Dieser Tod ist ein anderer. Wenn ich mich ihm als Kind aussetze, mit ihm umgehe, unter ihm leide, dich auch liebe, Vater, wenn ich dich reden lasse, von dir träume, wenn deine Stimme mit einem Mal die meine ist und ich mir für Augenblicke deiner Nähe sicher bin, dann fällt es mir schwer, unsere gemeinsame Zeit zu verlassen und dein Ende zu kennen. Ich will es nicht wissen, will so blind sein wie du, auf die Zeit setzen, sie überlisten, hoffen. Ich will, was ich verloren habe, deine Gegenwart.

Ich weiß gar nicht, wo wir schlafen, bei der Großmutter oder bei der Babitschka. Eine aufgeregte Hand tastet mich ab, weckt mich, drückt mir die Brust, patscht mir ins Gesicht.
Komm steh auf, beeil dich, ich helf dir beim Anziehen.
Es ist Vater, und das verwirrt mich, denn er hat mich noch nie geweckt, nicht in der Nacht und nicht am Morgen. Ich möchte weiterschlafen. Er reißt mich aus dem Bett. Ich ziehe mich hastig an, traue mich nicht, ihn zu fragen, was geschehen ist.
Komm, komm! Er packt mich an der Hand, zerrt mich hinter sich her.
An der Wohnungstür steht Mutter. Sie trägt Lore in Decken eingewickelt auf dem Arm. Lores Kopf hängt schlaff über die Armbeuge, das Gesicht ist rot, aufgequollen. Ich denke: Sie stirbt.
Wir rennen das Treppenhaus hinunter, rennen über Straßen und Plätze, immer schwerer atmend. Kein Mensch begegnet uns. Vater und Mutter wechseln sich jetzt häufig ab, Lore zu tragen. Manchmal drängt Vater uns, noch schneller zu laufen. Wir rennen quer

durch die ganze Stadt; ich bin sicher, wir werden nie aufhören zu rennen. Ich spüre meine Beine nicht mehr, sie treiben mich voran, ohne zu mir zu gehören.

Gleich, sagt Vater, gleich.

Der rasende nächtliche Ausflug hat also ein Ziel. Es ist ein Portal, auf das wir zulaufen, in das wir hineinstürzen, wo wir empfangen werden von weißgekleideten Menschen, von einem scharfen süßlichen Geruch, trockener Wärme, gedämpftem Licht, flüsternden Stimmen, Händen, die Lore wegreißen und uns auf eine Bank drücken.

Ich sitze zwischen Vater und Mutter, sehe sie nicht, höre nur ihren Atem, laut, aber schon vermischt mit Seufzern, Schluchzen. Die Erschöpfung wird zu einer Wolke in meinem Kopf, die von innen gegen die Schläfen drückt. Noch nie bin ich auf diese Weise müde gewesen.

Mutter zieht meinen Kopf auf ihren Schoß. Ihre Stimme ist wieder ruhig und sehr nah: Lore wäre uns beinahe erstickt, weißt du. Sie hat eine Lungenentzündung. Sie ist sehr krank. Nun müssen wir warten, was die Ärzte uns sagen.

Sie warten und ich kann, weil ihr Warten wie Stromstöße sich auf mich überträgt, nicht einschlafen, sondern sehe zu, wie das Morgenlicht die Lampen in der Wartehalle löscht, höre, wie das nächtliche Flüstern übergeht in lautes Sprechen.

Es geht dem Kind besser, sagt in dieser Helligkeit jemand, ganz selbstverständlich, als habe man eine solche Auskunft für den Morgen aufgespart. Aber sehen können Sie sie noch nicht.

Sie hätte uns sterben können, sagt Vater.

Nachdem die Eltern wieder miteinander sprachen, konnte ich einschlafen. Lore lag einige Wochen im Krankenhaus. Wir besuchten sie oft, ich beneidete sie um die Geschenke, die Schleckereien.

Vater war unterwegs, bereitete endgültig den Umzug nach Olmütz vor. Eine Wohnung war gefunden.

Zum ersten Mal hast du deine Angst mit mir teilen wollen. Es war verrückt, mich mitzuschleppen, aber offenbar brauchtest du alle um dich. Einer von uns vieren war dem Sterben nah, konnte herausbrechen. In deiner Panik handeltest du wie alle Verfolgten. Keiner durfte den andern aus den Augen verlieren, die Nähe war schon ein Teil des Lebens, des Überlebens. Mir erklärt dieser blinde, von Todesangst gehetzte Lauf durch die nächtliche Stadt deine Lage. Niemand bedrohte dich unmittelbar, noch hat dich keiner besucht oder gewarnt, aber wo immer du hinkamst, saßen schon die Gegenredner, die Verdächtiger, die Schwarzmaler. Jede Hoffnung bekam ihren Schatten. Deine ohnedies geringe Widerstandskraft wurde immer wieder angegriffen und schlug um in Hysterie.

Wir reden, zurückblickend, leichtfertig von Mut, kaum aber von der Vergiftung der Seelen durch die organisierte, heimlich verbreitete Angst. Du warst schon krank von ihr, sie begann dich zu lähmen. Indem du mich mitnahmst, versuchtest du ihr zu entgegnen. Deine Schwäche erscheint mir jetzt wie ein Ausbruch von Liebe.

Du hast in den wenigen Jahren, in denen ich dir kindlich zusah, viele Spielarten der Angst erprobt und dir oft widersprochen. Du konntest mir gar nicht die Gelegenheit geben, dich zu verstehen. Ich habe deine Verstrickung nicht wahrhaben wollen, vieles, was du getan hast, als Verrat ausgelegt, mich nie bemüht, deine Geschichte auszusprechen, nur die meiner Verletzungen.

Ich wünschte mir einen Helden zum Vater, einen, der teilnahm, der die kriegerischen Sätze erfüllte und nicht einen, der sich aus der Zeit stahl und Gegenparolen folgte, der sogar so weit ging, sich von Mutter zu entfernen, in einer anderen Liebe Halt zu suchen. Ich hab dich gehaßt, deswegen, und ich mußte älter werden als du es wurdest, um ohne Haß, doch noch immer mit Resten von Widerwillen und Trauer mir und dir zu erzählen, wie du, kurz nach Lores Krankheit, unsere Wagenburg aufbrachst.


Kein Raum hat mich je mehr so angezogen, wie das Speisezimmer in Babitschkas Wohnung. Mein Gedächtnis baut es immer von neuem auf, eine Bühne voller Eleganz, und gerade auf ihr hat sich eine Szene abgespielt, die das Bild meines Vaters von neuem schwärzte – ein Dialog aus einem mir verbotenen Stück.

In das Speisezimmer führten mehrere Türen. Wie viele es waren, weiß ich nicht mehr. Man wußte nie, durch welche Tür wer eintrat. So war das Zimmer stets von Bewegung erfüllt und man wurde immer wieder überrascht. Erwartete man, daß Tante Čenka aus dem kleinen Salon nebenan kam, trat sie unvermutet vom Korridor oder von der Küche her ein. Jeder vergnügte sich an dieser Vieltürigkeit, spielte mit ihr. Schon das war für mich ungewohnt. Auch solche zierlichen und dennoch strengen Möbel hatte ich bisher nicht gekannt. Vor allem aber konnte ich mich an den Lüster über dem runden Tisch nicht sattsehen. Er bestand aus ungezählten Kristallstücken, die Licht schluckten und ausspien. Jeder Rhombus veranstaltete für sich ein Feuerwerk, und bei dem leichtesten Luftzug gerieten die geschliffenen Gläser in Bewegung und machten eine zarte, nie gleichtönende Musik.

Manchmal lief ich aus der Küche ins Speisezimmer, schaltete das Licht ein und versuchte dem Lüster sein ganzes Repertoire an Sprühlicht und Musik zu entlocken. Es war unerschöpflich. Babitschka, der nicht entging, wie vernarrt ich in den Leuchter war, lobte die Reinheit und Zartheit des böhmischen Kristalls. Es machte einen glücklich, sagte sie, es ist wie Himmelslicht und Engelsmusik.

Ich denke, während ich das, was ich unter dem schönen Leuchter sah, Satz für Satz nachschreibe: Vielleicht habe ich diese Szene, dieses Gespräch als Kind geträumt, um Vater und mich zu beleidigen, und wiederhole seither den Traum. Ich weiß, daß es so war, aber ich will es bis heute nicht wahr haben, andererseits möchte ich noch immer die Wut, den Schmerz von damals erneuern, damit die Entfernung zu Vater bleibt. Es war ein Glück, daß das Licht nicht brannte, der Leuchter mich nicht auch noch betrog, indem er sie schöner und fremder machte.

Ich wollte mit ihm spielen, hatte mich, wie oft, den langen dämmrigen Korridor entlanggeschlichen, darauf geachtet, daß mich niemand beobachtete. Die Tür zum Speisezimmer stand nur angelehnt. Ich hörte jemanden sprechen. Ich drückte mich gegen den hölzernen Türrahmen, konnte sie sehen, neben dem Tisch und unter dem Lüster.

Sie stehen im Profil zu mir, einen halben Schritt voneinander, und seine Hand hält ihren Nacken. Tante Manja ist schön, anders als Mutter, ruhiger, sanfter. Wenn ich hinsehe, auf Vaters Hand starre, kann ich ihn nicht hören. Erst wenn ich die Augen schließe, dieses Bild, das alle andern Bilder von Liebe und Zärtlichkeit beleidigt, hinter den Lidern stehen bleibt, werden die Stimmen laut:

Wann seh' ich dich wieder?

Erst muß ich mich in Olmütz einrichten.

Red' dich nicht heraus, bitte.

In drei Wochen hab ich in Prag zu tun. Auf der Rückreise komme ich euch besuchen.

Das ist lang hin.

Ich bitte dich, Liebe, sei nicht ungeduldig.

Ich habe ihn nie so sprechen hören, so werbend, offen, zart. Auch nicht mit Mutter. Ich habe ihm nicht zugetraut, anders sein zu können, gegen Regeln zu verstoßen. Warum liebte er andere, nicht uns?

Ich öffne die Augen, sehe zu, wie sie sich umarmen, küssen. Ich möchte sie stören, erschrecken, doch ich schleiche mich weg, schließe mich im Bad ein und spüre, wie die Geschichte, die ich verschweigen muß, dieses Geheimnis, das ich, ohne dessen Wissen, mit meinem Vater teile, mich drückt und alt macht. Ich gehöre, weil ich vieles von ihnen weiß, zu den Erwachsenen und bin, weil ich schweigen und Kind spielen muß, von ihnen verstoßen.

Beim Abendessen sitze ich zwischen Vater und Mutter. Wir nehmen Abschied. Babitschka wünscht uns in einem Trinkspruch eine gesegnete Zukunft. Tante Manja sitzt mir gegenüber. Ich könnte zu erzählen anfangen, könnte die Freundlichkeit verderben durch die Wahrheit, könnte sie aus ihren Rollen stoßen, und ich male mir aus, wie sie blaß werden, aufspringen, mich einen Lügner schimpfen, Tante Manja aus dem Zimmer läuft, Mutter in Tränen ausbricht und Vater ertappt dasteht, sich nicht mehr zu helfen weiß.

Warum bist du so still? fragt Tante Čenka.

Die Kinder sind durcheinander, sagt Babitschka. Sie brauchen endlich wieder ein Zuhause.


Als ich dich mit Tante Manja reden ließ, als ich das Gespräch rekonstruierte, hätte sie dich, so wie ich es auch in Erinnerung habe, »Rudi« nennen müssen. Ich konnte es nicht schreiben, erlaubte euch nicht die Anrede, wahrscheinlich, weil ich dich selbst nie habe so anreden können und weil die Bezeichnung »Vater«

eine Distanz zwischen uns herstellt. Ich habe dich so nicht gerufen. Nur wehrt sich das Gedächtnis des Mannes gegen die Gegenwart des Kindes, das »Vati« zu dir sagte. Ich bin es gewesen, ich bin es, wenn ich schreibe, und bin es nicht. Ich versuche den Abstand zwischen uns, Satz um Satz, zu verringern.

Mein Vater muß sich, als er sich in Olmütz einrichtete, finanziell übernommen haben: Die Wohnung, in die wir zogen, war weitläufig und luxuriös, nicht mit den vier kargen Zimmern in Hartmannsdorf zu vergleichen, und auch das Büro, das er von seinem alten Vorgänger übernahm, kostete ihn sicher eine beträchtliche Miete.

Ich nehme an, ihm waren die Belastungen gleichgültig. Er hatte sich vorgenommen, anders zu leben, und, sei es nur auf Zeit, der zu sein, der er zu sein wünschte, ohne Einschränkungen und ohne Kleinmut. Kriegsende und Tod erließen ihm die Schulden.

Die Wohnung lag in der zweiten Etage eines Hauses, das für sich schon mehr als ein Wohnhaus war, nämlich der Portikus einer mehr als zweihundert Meter langen Passage, die vom Oberring, der damals Adolf-Hitler-Platz hieß, zur Wassergasse führte. So vergrößerte sich die Wohnung auf wunderbare Weise um ein Vielfaches, schloß eine Straße unter einem gläsernen Dach ein, Läden, ein Café, ein Delikatessengeschäft und ein Kino. Selbst bei Regen konnte ich, ohne einen Tropfen abzubekommen, ständig unterwegs sein, flanieren, Geschäfte besuchen, Dekorateuren bei ihrer Arbeit zuschauen, im Kino untertauchen, für niemanden erreichbar, oder in dem ächzenden Eisenlift auf und ab fahren, was uns Kindern eigentlich untersagt war.

Ihr zieht in die fertig eingerichtete Wohnung, hatte er uns versprochen, ins gemachte Nest.

Wir wandern staunend durch die Passage, halten vor Schaufenstern an, doch er treibt uns ungeduldig. Wir sind gleich da. Der Aufzug beeindruckt uns sehr. Vater erzählt von einem kleinen Mädchen, das den Liftschlüssel der Mutter gestohlen, selbst die Fahrt probiert habe, und einen ganzen Tag in einem steckengebliebenen Aufzug habe warten müssen, bis es befreit wurde. So zwischen erstem und zweitem Stock, sagte er.

Dann stehen wir vor einer Wohnungstür, die keine ist, viel größer, ein Tor, ein Portal. Weiß und reich verziert, die Messingbeschläge, die Klinke spiegelblank.

Er schließt auf, bittet, uns einen Augenblick zu gedulden, schaltet das Licht ein, und wir treten über die breite Schwelle in einen Raum, der mindestens so groß ist wie unsere ganze Hartmannsdorfer Wohnung.

Das ist der Vorsaal, erklärt er wie ein Schloßführer. Seine Stimme bekommt ein Echo. Ich stehe neben Lore. Wir drücken uns aneinander, werden kleiner und kleiner. Mutter lacht verlegen, aus allen Ecken lacht es wieder. Vater antwortet ihr, indem er die

Schultern hochzieht: Ich weiß nicht, wie man das einrichten kann. Alle Möbel wirken lächerlich in dieser Halle und Teppiche von solchen Ausmaßen kann ich mir nicht leisten. Ui, seufzt Lore und drückt sich an mich.

Wir stehen noch immer da wie eine Gruppe von demütigen Provinzlern. Der Vorsaal könnte unser Spielplatz werden, doch er bekommt nur wenig Helligkeit aus geschliffenen Milchglasscheiben, die zum Lichtschacht führen. Er wird eine dämmrige Wüstenei bleiben, in der eine Sitzgruppe zu schäbigem Beiwerk zusammenschrumpft. Und in den Wandschränken könnten wir die Utensilien von mindestens fünf Familien unterbringen. Sie werden beinahe leer stehen und uns manchmal mit merkwürdigen Geräuschen überraschen.

Ist euch aufgefallen, daß der Raum nicht viereckig, sondern siebeneckig ist? Vaters Hinweis hört sich verlegen an. Was kann uns noch wundern, nach einem solchen Empfang? In einer Art Eilmarsch führt er uns danach durch die Wohnung, die so weit, aber auch so verschachtelt war, daß wir sie erst nach und nach entdeckten, oft Türen verwechselten, anstatt in Mutters Salon ins Speise- oder ins Herrenzimmer gerieten, alles Räume, die, bis auf Mutters wärmende Höhle, die Küche und das Kinderzimmer, leblos und unbewohnt blieben, tatsächlich eine kalte Pracht. Erst später erklärte ich mir, daß nicht die Eltern Schuld daran hatten, sondern der Kohlenmangel. Die in jedem Raum bis zur Decke reichenden Kachelöfen hätten ungleich mehr verschlungen, als die uns zugeteilte Kohle.

Das Kinderzimmer hatte Vater als Höhepunkt seiner Führung aufgespart. Vom Vorsaal führte ein schmaler Korridor zu ihm; eine weitere Tür trennte es vom Herrenzimmer. Das Zimmer nahm uns mit seiner Fülle von Licht den Atem; es hatte nur drei Ecken, die vierte Wand war zu einem ausschwingenden Halbrund gewölbt und in der ganzen Breite mit einem Fensterband versehen. Eine Tür führte hinaus auf den Balkon, der dem Halbkreis folgte.

An den beiden Schenkeln des ausgebeulten Dreiecks standen unsere Betten. Wir stritten eine Weile, wem welches gehören sollte. Bald schliefen wir; in meinen Träumen irrte ich durch Vorsäle und Korridore.

So selbstsicher und glücklich bist du nur dieses eine Mal aufgetreten. Du hattest den Wechsel geschafft, du konntest anfangen. Dennoch bist du in dem knappen Jahr, in dem du noch in Olmütz arbeiten konntest, nahezu unsichtbar geworden; verschwandest in einem Gewölk von Streit und Unbehagen, straftest Mutter und uns wieder mit deinem ausdauernden Schweigen.

Für deine Klienten spieltest du anscheinend eine andere Rolle als für uns. Sie schätzten deinen Gerechtigkeitssinn, deinen Mut. Ihnen konntest du helfen, uns nicht. Wenn es um sie ging, waren dir die »Goldfasanen«, die Drohungen der Gestapo gleichgültig. Ihretwegen fuhrst du nach Prag, nach Prerau, nach Brünn. Aber jedes Mal, wenn du nach Brünn reistest, wiederholte sich für mich die Szene in Babitschkas Speisezimmer. Ich war Mitwisser, durfte Mutter nichts sagen. Mit jedem Wort hätte ich noch mehr zerstört.

Du warst kein schlauer Liebhaber. Wenn du aus Brünn heimkamst, verriet dich deine Befangenheit, deine übertriebene Freundlichkeit. Ich beobachtete dich voller Ekel. Heute bin ich sicher, daß du meine Mitwisserschaft geahnt hast und mich manchmal deshalb so bevorzugt behandelt hast, wie bei unserem letzten gemeinsamen Weihnachtsfest, im Jahre 1942.

Die Türen zu Herren- und Speisezimmer sind verschlossen; dort werden Geschenke gestapelt. Aber andere Geschenke dürfen wir sehen und in Empfang nehmen. Wenn es schellt, rennen Lore und ich zur Tür. Manchmal werden wir enttäuscht, dann ist es der Briefträger oder irgendein Besucher, doch oft stehen eine Bäuerin oder ein Bauer vor der Schwelle, verlangen Vater und Mutter zu sprechen. Sie werden in die Küche geführt und dort ziehen sie aus Korb oder Tasche den Segen, der uns graust und anzieht: einen Hasen, eine Gans, eine Ente. Es seien »Naturalien«, erklären sie. Ein Wort, das sich mir einprägt, sich ständig weitet und am Ende zahllose nützliche Dinge einschließt. Mit diesen Naturalien danken sie Vater, der sie vor Gericht verteidigt hat. Oft sind es Tschechen, die aus kleinen Orten in der Hana, der großen Ebene an der March, angereist kommen.

So gut wird es uns nie wieder gehen, sagt Mutter ein ums andere Mal. Vater ist stolz. Er erzählt von den Spendern, diesen »armen Würsteln«, die sich mit dem neuen Recht nicht auskennen.

Eine Gans und zwei Hasen bleiben übrig; alles andere wird weiterverschenkt, an Bohumila, unser tschechisches Dienstmädchen, an den alten Anwalt, an dessen Freunde, an Klienten.

Mutter hält sich fast nur noch in der Küche auf, rupft, zieht ab, berauscht sich mit Bohumila über die Erweiterung des Küchenzettels: daß wir einmal richtig schlemmen können und nicht nur zwischen Erbseneintopf, Armem Ritter und Kartoffelgulasch zu wählen haben.

Es wäre schön, wir könnten so, geschäftig und redend, auf das Fest zutreiben, ich könnte ungefragt von der Schule erzählen, vor der ich mich geängstigt habe, in der ich aber unerwartet rasch Freunde gewann und die beherrscht wurde von dem Oberlehrer Kögler, der aus dem Riesengebirge stammte, wie Rübezahl aussah und ein noch gewaltigerer Heldenbeschwörer war als Kutzschebauch in Hartmannsdorf, Tschechen als Kreaturen bezeichnete und die Schlacht um Stalingrad als den Schlußpunkt des Kampfes gegen den Bolschewismus ansah. Nur ist es wichtig, Buben, fürs Winterhilfswerk zu sammeln, damit die Soldaten auch dicke Mäntel und festes Schuhwerk bekommen. Mutter schüttelt den Kopf, nennt den Oberlehrer einen dummen Schwärmer. Ich finde das ungerecht, denn schließlich hat er im Ersten Weltkrieg am Isonzo gestanden und war verwundet worden.

Wenn Vater mir zuhört, preßt er die Lippen zusammen. Kögler zählt offenbar zu denen, die er meidet. Immerhin redet er sie mir nicht aus. Er will nichts von ihnen wissen, wie von vielem nicht. Insgeheim und in Wachträumen rufe ich die Bewunderten gegen Vater zusammen, fühle mich stärker als er, fast schon wie ein Held. Weil Vater den Helden ausweicht und sich vor dem Kampf drückt, bin ich eigentlich ein Kind des Führers. Und natürlich liebe ich Mutter, die mir ab und zu mit ihrem Spott zwar unheimlich ist, aber niemals feige sein wird.

Die Vorbereitungen wurden turbulent, als der Weihnachtsbesuch, Großmutter und Tante Käthe, eintraf. Ein Plan Vaters verdarb mir schließlich alle Vorfreude. Er machte mich erst am Tag vor Weihnachten damit vertraut, weil er wohl ahnte, in welche Pein er mich bringen würde. Er saß an dem leeren Schreibtisch im Herrenzimmer, bat mich, ein wenig gereizt, Platz zu nehmen und, bitte, zuzuhören.

Ich möchte, begann er, daß wir diese Weihnachten besonders feierlich begehen, und habe dir eine wichtige Aufgabe zugedacht. Hörst du? Eine besonders wichtige Aufgabe. Du hast eine hübsche Stimme und deklamierst ja gerne. Ich habe also einen Geiger engagiert, der dich beim Singen begleiten soll. Mehr als zwei Lieder wünsche ich gar nicht. Sagen wir, Stille Nacht und Oh du fröhliche. Im übrigen – Vater sah auf die Armbanduhr – wird der Musiker gleich hier sein. Ihr solltet wenigstens einmal zusammen proben.

Ich antworte nicht. Ich kann es nicht. Schreck und Verblüffung machen mich starr, ich hoffe, daß ich die Stimme verliere, niemals singen kann, niemals.

Er merkt anscheinend nicht, daß ich die Sprache verloren habe und beugt sich fragend nach vorn: Was meinst du?

Endlich kann ich mich hören. Das Nein steht sichtbar vor meinem Mund, wie eine Sperre.

Bist du verrückt? Er steht auf. Seine Hand drückt meinen Hals. Willst du mir alles verderben?

Da er genau geplant hat, führt Bohumila den Geiger herein, einen kleinen verschwitzten Herrn, der eine Verbeugung nach der andern macht, mir flüchtig mit feuchter Hand die Wange tätschelt und dennoch entschieden den Herrn Doktor bittet, »uns zwei Musikanten« allein zu lassen. Dem Geiger scheint der Auftrag nicht weniger peinlich zu sein und er beginnt mich zu trösten: Also, Bub, ein solches Konzert geht schneller vorüber als man denkt. Besonders an Festen. Da ist jeder so aufgeregt, daß ein Patzer gar nichts bedeutet. Die Kunst muß das Gefühl verstärken, sonst nichts. Und was heißt schon Kunst. Ich rate dir, sing leis, dann werden sie besonders gerührt sein, auch wenn du stockst oder ein Wort vergißt. Es schadet nichts. Und überhaupt bin ich hier, um dir zu helfen. Denk daran, die Geige läßt dich nicht im Stich. Zwei Lieder, was sag ich, vergehen wie im Flug.

Er zieht ein schmutziges, zerknülltes Tuch aus der

Hosentasche, klemmt es zusammen mit der Geige unters Kinn, stimmt das Instrument, blinzelt mir zu, zieht mich in ein Vertrauen, das ich zu ihm so wenig wie zu den anderen Erwachsenen habe und befiehlt: Stell dich am gescheitesten direkt neben mich, schon von wegen der Intonation.

Die Geige klingt zu meiner Überraschung mächtig und klar.

Zaghaft stimme ich ein. Ich flüstere mehr als daß ich singe. Er unterbricht das Spiel.

Ein bissel lauter müßte es schon sein. Piano meinetwegen, nicht pianissimo. Verstehst mich?

Ich versteh ihn gut.

Am liebsten würde ich ihm bloß zuhören.

Wir proben jedes Lied zweimal. Dann packt er unverzüglich die Geige in den Kasten, tätschelt mir die Wange, riecht, als habe er sich in Eukalyptusessenz gebadet.

Wir werden's überstehen, Bub. Denk an die Rührung.

Ich höre, wie er im Vorsaal mit Vater redet. Vater muß gelauscht und ihn abgefangen haben, vielleicht, um ihn zu bezahlen, vielleicht auch, um sich nach meiner Gesangskunst zu erkundigen.

Am Heiligen Abend weckte mich Geschrei. Die drei Frauen überboten sich in lärmender Hilfsbereitschaft. Nein, laß mich den Vorsaal bohnern, inzwischen kannst du in der Küche – Ich bitte dich, das macht doch keine Umstände, noch den Teppich – Ehe Rudi den Baum schmückt, sollte aber – Die Fülle für die

Gans müßte jetzt, wenn nicht – Die Würstel müßten noch heute vormittag – Wer geht mit den Kindern spazieren, ehe –

Ich hasse sie, ich hasse diese Stimmen, die mir die Freude nehmen, ich möchte das Fest verschlafen, das sie für sich und nicht für Lore und mich veranstalten, ich möchte ihnen nicht vorsingen müssen und ihnen helfen, in Tränen auszubrechen. Aber Mutter ist schon im Zimmer, zieht die Rolläden hoch und ihre Unrast elektrisiert uns. Raus! ihr Siebenschläfer! Ihr habt eine Menge zu tun. Ihr müßt einkaufen gehen und Bohumila das Weihnachtsgeschenk bringen.

Wir werden von Befehlen, Anordnungen, Bitten, Zurufen in Bewegung gehalten, dürfen da nicht hinein, müssen dort die Augen schließen, gehen Großmutter auf die Nerven, sollen Tante Käthe in Frieden lassen.

Die Kartoffelsuppe, »jetzt-will-sie-keiner-mehr-gekocht-haben«, um die wir uns mittags versammeln, schmeckt angebrannt. Die Frauen streiten sich, bis die Schüssel leer ist, Vater wortlos den Stuhl hinter sich schiebt, und uns Kinder mit einem Kopfnicken auffordert, ihm zu folgen.

Er sagt: Es wird ihnen gar nicht auffallen, wenn wir verschwinden. Er hilft uns in die Mäntel, wickelt die Schals um unsere Hälse und wendet sich mit dieser ungewohnten Aufmerksamkeit gegen die Zerstörung, den Zwist. Wir wandern an seinen Händen durch die Stadt. Erst an dem Marcharm entlang, der hinter unserem Haus vorbeiführt, dann hinauf zu den beiden großen Plätzen, umkreisen die Dreifaltigkeitssäule und mehrfach das Rathaus, ziehen Spuren durch den Schnee, sehen zur Kunstuhr hoch, deren Erbauer, so erfuhr ich in der Schule, geblendet wurde, weil man ihn für einen Hexenmeister hielt, und beenden unseren Rundgang, wie ich es erwartet habe, im Café Rupprecht, in dem Vater Stammgast ist, wo er abends oft Billard spielt.

Wir sitzen zwischen alten Männern, schlürfen Tee, ich spüre, daß ihnen meine Blicke lästig sind. Ich komme mir vor wie auf einem Schiff, auf dem man vergessen hat, daß Weihnachten ist.

Ein Herr tritt an unseren Tisch, fragt Vater, ob er auf eine Partie Billard Lust habe. Wir ziehen ihm nach, in den Raum, wo die drei Billardtische stehen, setzen uns. Ich höre, wie die Kugeln aufeinanderprallen, träume vor mich hin, wünsche mir, daß die Ruhe bis zur Bescherung nicht gestört werde.

Als wir das Café verlassen, ist es dunkel. Schön, sagt Vater und saugt die kalte Luft hörbar ein. Sie werden uns sicher schon erwarten.

Wir werden tatsächlich erwartet, doch anders, als wir es erhoffen, mit einer Art Kriegsbericht, und erst allmählich verstehen wir, was für ein Unglück geschehen ist: Mutter habe den Gasofen anzünden wollen und er sei explodiert, eine Flamme sei aus der Röhre geschossen. Schaut sie euch an, die Haare versengt, Lider und Augenbrauen verbrannt. Schaut sie euch doch an, die Ärmste!

Mutter wird vorgeführt. Sie wehrt sich gegen den

Jammer von Großmutter und Tante Käthe. Es ist nicht so schlimm, sagt sie. Ich möchte lachen, traue mich aber nicht.

Es wird Zeit, daß ihr euch umzieht, sagt Vater sehr ruhig. Die Bescherung ist auf acht angesetzt, schon wegen des Geigers. Ich kann ihn nicht warten lassen. Wir sollten also um sieben abendessen.

Wo sollen wir bleiben? fragt Lore.

Geht ins Kinderzimmer und spielt, bis ihr gerufen werdet.

Wir setzen uns auf unsere Betten und warten im Dunkeln.

Mutter holt uns. Sie hat sich umgezogen und hat neue Augenbrauen. Die hab ich mir angemalt.

Beim Abendessen führt Großmutter das Gespräch. Sie findet die Würstchen gut, lobt Mutter für den Kartoffelsalat, der durch eine winzige Prise Zucker erst delikat werde.

Plötzlich läuft sie blau an, greift sich mit der Hand an den Hals, ringt nach Luft.

Der Erstickungsanfall überrascht uns so, daß wir alle wie angenagelt sitzen.

Mutter ist die erste, die etwas sagt: Sie hat sich verschluckt. Mein Gott!

Tut doch was! schreit Tante Käthe. Sie erstickt uns doch. Mein Gott!

Lore beginnt zu weinen. Ich möchte schon wieder lachen. Vater schüttelt den Kopf. Großmutter droht zu sterben. Sie verdreht die Augen, so daß man nur noch das Weiße sieht.

Vater steht auf, schlägt ihr mit einer ungeheuren Wut ein-, zweimal auf den Rücken. Es dröhnt, und plötzlich schießt, wie aus einem Kanonenlauf, ein Stück Wurst aus Großmutters Mund. Ächzend zieht sie die Luft ein.

Nein, sagt Mutter.

Vater zündet sich eine Zigarette an.

Lore weint.

Ich wage leise zu lachen und Tante Käthe stimmt laut ein.

Großmutter sagt: So schlimm hättest du ja auch nicht losdreschen müssen.

Obwohl Großmutter sich noch nicht erholt hat, weiter nach Luft ringt, drängt Vater, den Tisch abzuräumen. Der Geiger müsse gleich erscheinen. Er werde nach nebenan gehen und inzwischen die Kerzen am Baum anzünden.

Ich sitze auf meinem Stuhl und rühre mich nicht.

Du kannst doch wenigstens die Teller zusammenstellen. Mutter sieht mich vorwurfsvoll an. Sie merkt nicht, daß ich eigentlich gar nicht mehr vorhanden bin. Ich werde stumm sein. Stumm und taub. Ich werde die Geige nicht hören und keinen Ton herausbringen.

Gleich ist Bescherung!

Lore rennt hinter Mutter her, in die Küche, ich bleibe allein mit Großmutter, die sich nicht beruhigen kann, vor sich hinmurmelt, seufzt, sich das Taschentuch vor den Mund hält, mit ihrem Schreck beschäftigt ist, während ich auf meinen warte.

Es klingelt. Es kann nur der Geiger sein. Großmutter ist, ohne daß es mir auffiel, aus dem Zimmer verschwunden. Ich könnte mich verstecken, hinterm Vorhang, unter der Couch. Aber ich sitze, starre auf die Tür, die jetzt auch geöffnet wird, und Mutter sagt mit einer Stimme, die trösten will: Komm, wir warten schon alle auf dich.

Im dunklen Vorsaal steht der Musiker. Er hat die Geige aus dem Kasten genommen. Mutter schiebt mich auf ihn zu. Die Tür zum Speisezimmer wird aufgerissen. Ich sehe die Kerzen brennen, Vaters Schatten, und stehe mit einem Mal vor allen anderen, die auf Stühlen Platz nehmen, wie im Theater, mich anglotzen, auffordernd anlächeln.

Ich höre den Geiger sagen: In der Reihenfolge, wie wir es besprochen haben, nicht wahr?

Der Geiger klemmt sich sein Instrument unters Kinn, schiebt sich noch näher an mich heran, zählt leise: Eins, zwei, drei, und die Geige singt, während meinem Mund ein krächzender Laut entfährt, nicht mehr. Der Geiger bricht ab, sagt sehr ruhig: Wir fangen noch einmal an. Du mußt, wie ich dir erklärt hab, nicht laut singen, Bub. Nicht laut.

Ich halte mich an seinen Rat, bin erstaunt, daß ich ihm folgen kann, die Sätze nicht vergessen habe, flüstere einfach mit, schaue auf den Boden, höre jemanden seufzen, singe schneller, als die Geige es will und bekomme einen Stoß in die Seite: Nicht so rasch, Bub!, singe mehr und mehr gegen die Musik, gegen die albernen Zuhörer, gegen Vaters Erwartung, renne zu

Mutter hin und werfe mich auf sie, weine, schreie.
Es war doch zu viel für ihn. Mutter preßt mich an
sich.
Schade, sagt Vater, es hätte sehr feierlich sein können.
Der Geiger spielt nun allein weiter, ohne mich. Ich
beginne, mein Gesicht gegen Mutters Brust gepreßt,
zuzuhören und verberge mich, auch nachdem er ge-
endet hat, Vater ihn hinausbringt, Lore schon Geschenke auspackt.
Willst du dir deine Geschenke nicht ansehen? fragt
Großmutter. Mutter läßt mich los. Es ist schon gut,
sagt sie.
Ich kann mich nicht erinnern, was ich geschenkt bekommen habe, bis auf die alte Ausgabe des »Sigis-
mund Rüsting«, denn ich habe den ganzen Abend gelesen, mich gegen alle wehrend, die sich nun um mich
bemühen, auch Vater, der sich für eine Weile neben
mich setzt, nichts spricht, nur manchmal den Kopf
schüttelt. Ehe er aufsteht und zu Großmutter geht,
sagt er: Wir hätten uns vorher über alles unterhalten
sollen.

Sie ließen Vater noch ein paar Monate Zeit, in sein
Büro in der Schulgasse zu gehen. Ich kann diese
Schonfrist um einige Sätze verlängern, wenn ich seine
Arbeit schildere, die wenigen Monate, in denen er
beinahe unbehelligt blieb; ich erzähle einen Tag, der
nie Alltag werden konnte.
Morgens verließ er vor uns die Wohnung. Wir früh-

stückten gemeinsam. Er roch nach Lavendel, sein Gesicht glänzte, als käme er eben aus der Sonne. Leise sagte er Guten Morgen, erkundigte sich manchmal nach der Schule, sprach einige Worte mit Mutter, ließ wissen, ob er zum Mittagessen käme, was selten geschah, und schlug dann die Zeitung auf.

Ich mochte es, wie er am Morgen war. Er glich einem Schauspieler vor dem Auftritt: stets war er sorgfältig gekleidet, trug einen seiner grauen Zweireiher, Krawatten, die meist einen dunkelblauen oder dunkelroten Grund hatten, schwarze, wie Lack glänzende Schuhe, die bei schlechtem Wetter von grauen Gamaschen geschützt wurden.

Ehe er die Zeitung las, putzte er mit einem frischen Taschentuch seine Brille, und nur in diesem Augenblick spürte man seine Anspannung. Es war eine sonderbar zielgerichtete und darum angenehme Nervosität. Zum Abschied küßte er Mutter auf die Stirn und fuhr uns mit der Hand über den Kopf. Diese distanzierten Liebkosungen habe ich nicht vergessen.

Zur Kanzlei in der Schulgasse ist es nur ein Katzensprung. Er geht durch die Passage, überquert den Rathausplatz und steht schon vor dem alten, ziemlich mitgenommenen Häuschen, in dessen erstem Stock sich das Büro befindet. Es führt eine ausgetretene Holztreppe hinauf. Die Schwellen sind hoch und grau gestrichen. Er betritt zuerst das Wartezimmer; seine gemütlich-schäbige Einrichtung – Thonet-Stühle mit ausgebeultem Rohrgeflecht – hatte er ebensowenig verändert wie das Mobiliar im Sekretariat. Nur im

Arbeitszimmer stand jetzt einer der monströsen Schränke aus Hartmannsdorf, auch der vertraute Schreibtisch. Ein Aktenschrank war neu.

Frau Spatschek, die Sekretärin, hatte er von seinem Vorgänger übernommen. Sie war mehr als eine anstrengende Mitgift, sie kannte jeden alten und auch die meisten der neuen Klienten, wußte, wann der Fall tückisch werden konnte, wo vielleicht Spitzel beteiligt waren, warnte, glich aus, ließ warten, ließ fallen, ohne daß sie ihn in die Einzelheiten einweihte. Er vertraute ihr, er brauchte sie. Ohne ihre listigen Eingriffe wäre er schon nach wenigen Tagen in Fußangeln geraten. Die waren ausgelegt. Einige der sudetendeutschen Konkurrenten, die Hitler wie ihren Messias empfangen hatten, warteten nur auf den ersten Fehler des undurchschaubaren Neulings.

Da er, wenn er nicht an einer Verhandlung teilnahm, früh im Büro war, ordnete er den Tag nach den Traditionen seines Vaters. Gegen elf überquerte er erneut den Rathausplatz und kehrte in dem Delikatessenladen in der Passage ein, um ein Gabelfrühstück einzunehmen.

Manchmal, wenn die Schule früher aus war, habe ich dich dort besucht. Ich rannte, um dich nicht zu versäumen, wie ein Verrückter den ganzen Weg. Denn dort, wo Männer sich an Stehtischen drängten, phantastische Gerüche einem in die Nase stiegen, wo mehr Tschechisch als Deutsch gesprochen wurde, wo man dir Grüße zurief und wo die kleinen Brote wie bunt beladene Schiffe aussahen, dort konnte ich stolz auf dich sein. Man kannte dich und du kanntest dich aus. Du schienst dich zu freuen, wenn ich auftauchte. Natürlich bekam ich einen Gabelbissen, aber wichtiger war mir, daß du mich vorstelltest: Das ist mein Junge. Nur hier nahmst du mich mit diesem Satz so selbstverständlich auf. Unter den kauenden, trinkenden, miteinander tuschelnden, sich entspannenden Männern gehörte ich zu dir. Du legst ein paar Kronen auf den Ladentisch und sagst zu mir: Lauf nach Haus und sag Mutter, daß ich heute nicht zum Mittagessen kommen werde; und ich renne durch die Passage, zwischen Schaufenstern, die sich gegenseitig blenden, und weiß mit einem Mal, daß die Zeit uns ausgespart, auf eine Oase gespült hat, für eine kurze Spanne.

Lauf nach Hause, sagte er.

Ich höre seine freundlich auffordernde Stimme, so wie damals. Er machte sich fremd. Er tarnte sich auch vor uns.

Lauf nach Hause, sagte er.

Wohin er nur noch als Gast gehörte.

Vater kehrte zurück ins Büro, empfing und beriet Menschen, die ich nie zu Gesicht bekam. Sie mischten sich ungefragt in unser Leben, bedrohten es, ohne daß ich mir erklären konnte, wie und weshalb. Manchmal gingen diese Phantome so weit, daß sie auch Mutter in die Verschwörung hineinzogen und Vater tagelang aufgeregt in unverständlichen Andeutungen mit ihr redete, bis sie abends mit ihm ausging, aber ohne Freude.

Hatte er den Nachmittag in der Kanzlei gearbeitet,

pflegte er gegen Abend ins Café zu gehen, um Billard zu spielen, sich mit Bekannten zu treffen. Ich habe ihn einmal beobachtet, wie im Kino. Ich lief über den Platz und sah im Vorübergehn durch die großen Scheiben des Cafés. Er hätte mir nicht auffallen müssen, denn er saß an einem Tisch mitten in dem überfüllten Raum. Ich hielt an. Er hörte, etwas nach vorn gebeugt, einem jüngeren Mann zu, der sich sichtlich erregte. Er wirkte konzentriert, doch ruhig, beruhigend. Manchmal nickte er. Und kurz legte er seine Hand auf den Arm des Mannes, nicht begütigend, sondern wie um diesem Aufruhr nah zu sein. Ein älterer Herr unterbrach die Unterhaltung, sprach Vater an, der aufschaute und lächelte, sich aber gleich wieder dem jungen Mann zuwendete. Seine Aufmerksamkeit ließ mich meine Umgebung vergessen. Ich wünschte mir, daß Vater nur ein einziges Mal mit mir so reden würde wie mit diesem Fremden.

Eduard Nemec zog mich auf die Gegenseite. Mir hatten noch einige Wörter, einige Waffen gefehlt. Nemec verfügte wie ein Taschenspieler über sie. Er war ein Jahr älter als ich, durchgefallen, und nach den Herbstferien in unsere Klasse gekommen: ein blonder, teigiger Junge, dessen fahle Haut und obszöne Gebärden abstießen. Er wußte über alles, was nicht an der Schule gelehrt wurde, Bescheid. Mädchenkörper schilderte er wie ekelerregenden Abfall, in dem sich allerdings mit Lust wühlen ließ, und am meisten verwirrte er uns mit der Geschichte, daß er, da seine

Mutter erst kürzlich wieder ein Kind zur Welt gebracht habe, ebenfalls an ihren Brüsten sauge und davon seine von uns nicht zu bestreitende Kraft beziehe.

Jedes Wort wurde zwischen seinen Lippen anzüglich und schmutzig. Ging es aber um den Führer, die Partei, die Soldaten an der Front und um das Deutschtum, verwandelte er sich in einen entschlossenen Kämpfer, wetterte gegen den Dreck der Slawen und der Juden, verhöhnte die englischen und bolschewistischen Schlappschwänze und entsprach seinem tschechischen Namen Nemec: Deutscher.

Ihm verfiel ich. Wenn ich an ihn denke, schäme ich mich nicht nur, sondern ich spüre seine üble Nähe, die überschwemmende Körperlichkeit und den Haß, auf den ich vorbereitet war, der in der Luft lag, vor dem niemand sich hüten konnte. Nemec raubte mir die Möglichkeit, doch noch mit meinem Vater zu sprechen, ihn zu verstehen. Er setzte mich fest, machte mich fertig. Fertig, mich in die Schlachtordnung der zukünftigen Herren der Welt einzufügen. Ich war seinen Parolen hörig, weil er sie sichtbar machen konnte.

Er war bereits im Jungvolk, trug die Uniform auch in der Schule. Und er hatte Beziehungen zum Bannführer, auf die er, auch den Lehrern gegenüber, pochte. An vielen Nachmittagen trieben wir uns beim »Bann« herum, einem weißgetünchten Haus an der Peripherie, warteten in Vorzimmern auf das Erscheinen der Führer und durften Botendienste verrichten. Da ich der Diener des Dieners war, beachtete mich niemand.

Ich lud Nemec auch nach Hause ein. Er mißfiel Mutter so sehr, daß sie mich gleich nach seinem ersten Besuch zur Rede stellte. Sie hatte mich in ihr Zimmerchen gerufen. Nemec war eben gegangen. Ich ahnte, daß sie mich seinetwegen sprechen wollte.

Sie saß, wie so oft, auf dem kleinen bequemen Sofa und strickte. Ich blieb neben dem Kachelofen stehen. Sie forderte mich auch nicht auf, Platz zu nehmen.

Was ist das für ein Junge, dieser Nemec?

Ein Klassenkamerad.

Das kann ich mir denken. Ich meine, wo wohnt er, wer sind seine Eltern?

Ich hätte sagen können: Er hat keinen Vater, sondern nur eine Mutter, aus deren Brüsten er trinkt, damit er stark wird. Ich hätte sie, weil sie mich mit diesem Verhör ärgerte, herausfordern können, aber ich antwortete: Ich weiß es nicht.

Das kann doch nicht sein.

Doch.

Er ist älter als du, nichtwahr?

Ja.

Wie kommt das?

Weiß nicht.

Er ist durchgefallen, nichtwahr?

Ja.

Was sucht ihr eigentlich dauernd in diesem Hitlerjugend-Haus?

Das ist der Bann.

Also, was treibt ihr euch im Bann herum?

Wir haben zu tun.

Das ist doch Unsinn.

Es stimmt aber. Wir sind Kuriere.

Kuriere – wie sich das anhört. Sie macht sich lustig über uns und findet Nemec unausstehlich. Schon darum muß ich Partei für ihn ergreifen.

Er ist mein bester Freund, sage ich mit Nachdruck.

Muß das sein? Sie schaut auf die Stricknadeln, die sich wie von allein bewegen.

Ja.

Einige Tage nach dieser Unterhaltung nahm Vater mich mit nach Prossnitz, auf eine Reise zu zweit, die sich nie wiederholte, und die ihren Grund haben mußte. Er lud mich im Vorübergehen ein – Fährst du morgen mit mir nach Prossnitz? – und so andeutend wie der Anfang verlief das ganze Unternehmen, blieb für mich voller Rätsel, eine Geheimschrift, die sich nach Jahren entziffern ließ, zu spät, um ihm antworten zu können. Oder doch nicht, da ich von dir träume. Und du mir immer näher kommst, ich dich im Schlaf berühren kann, deine Haut fühle, es ist ein Prozeß, der mich verändert, eine Art Stoffwechsel. Ich nehme dich in mir auf.

Mutter weckt mich. Es ist kalt, im Zimmer ist es kalt. Es muß Winter gewesen sein. Ich brauche nicht zur Schule zu gehen, vermutlich ist es ein Samstag oder Sonntag. Wir frühstücken in Mutters Salon. Vater spricht über meinen Kopf hinweg mit ihr, wie lang wir voraussichtlich bleiben, mit welchem Zug wir abends zurückkehren würden. Sie fragt, ob er den Besuch in Prossnitz wirklich für notwendig halte. Er nickt. Ich denke: Er ist schon unterwegs. Ich denke es jetzt, rückblickend, ich denke, er ist sich gar nicht sicher, er fürchtet sich und will doch nicht anders.

Wir fahren mit der Straßenbahn zum Bahnhof. Die Tram ist leer. Auf den Straßen sind kaum Menschen zu sehen. Vater lächelte mich an, aufmunternd. Die schwere Aktentasche liegt auf seinem Schoß.

Warst du schon mal in Prossnitz? frage ich.

Ja, einige Male.

Ist das eine Stadt?

Ja, eine kleine Stadt.

Hast du dort einen Klienten?

Ja.

Ich merke, daß er an diesen Klienten denkt und lasse ihn in Ruhe.

Am Schalter kauft er Fahrkarten dritter Klasse. Das ist neu. Bisher hat er Wert darauf gelegt, zweiter Klasse zu fahren. Ich bin noch müde. Wir haben ein Abteil für uns allein.

Vater blättert in Papieren und blickt ab und zu aus dem Fenster. Ich würde mich nie trauen, ihn jetzt anzusprechen. Warum hat er mich mitgenommen? Warum mich und nicht Mutter und Lore?

Das Land, durch das der Zug fährt, ist flach, die Felder sind verschneit. Unter den Dachtraufen vieler Häuser hängen Kukuruzkolben. Es sind lauter fremde Bilder, über die wir reden könnten. Vielleicht hat er vor, mich zu verwirren, vielleicht will er eine Erfahrung mit mir teilen, mir eine Geschichte erzählen, in die wir nur hineinreisen können und die sich dann Bild für Bild selber erklärt.

Der Zug hält an jeder Station, doch nur selten steigt jemand ein oder aus. Wenn, dann Bäuerinnen in schwarzen bauschigen Kleidern oder Männer in Kniehosen mit Schnallenschuhen.

Vater schiebt die Papiere in die Tasche, strafft sich.

Seine Stimme klingt anders als sonst:

Ich weiß nicht, wie lange die Verhandlung dauern wird.

Er sagt »Verhandlung«, obwohl wir nicht auf ein Gericht gehen.

Der Herr, den ich besuchen werde, ist Pelzhändler, erklärt er. Er ist arm.

Wie kann ein Pelzhändler arm sein?

Benimm dich, sagt er, und sprich nur, wenn du gefragt wirst.

Ja.

Du verstehst?

Ja.

Ich will sehen, daß wir uns nicht allzu lange aufhalten müssen. Es kann aber sein –

Wozu hat er mich wirklich mitgenommen?

Herr Glück wird uns wahrscheinlich zum Mittagessen einladen.

Wie kann jemand Glück heißen, noch dazu einer, der nach Vaters Meinung alles andere als glücklich ist.

Jetzt wird Vater mir auftragen, wie ich mich bei Tisch zu verhalten habe.

Bitte, iß ordentlich, sagt er.

Ja.

Die weißen Felder gleiten durch meinen Blick und machen mich blind. Ich möchte schlafen, alleine weiterfahren, während Vater mit dem unglücklichen Herrn Glück verhandelt, dem armen Pelzhändler, diesem Mann, der alles ist, was er nicht sein kann, vielleicht Vater zuliebe, der für seine Akten Unmögliches sammelt.

Wir werden gleich da sein. Zieh dir bitte den Mantel an.

Er setzt den Hut auf, steckt sich, plötzlich sehr nervös, eine Zigarette an, packt mit der linken Hand die Aktentasche, mit der rechten mich.

Vor dem Bahnhof werden wir von einer älteren, in Sonntagsschwarz vermummten, buckligen Frau erwartet, die Vater flüsternd begrüßt und uns dann mit kleinen hastenden Schritten voraneilt.

Auf einmal wird mir warm, ich schwitze. Ich weiß, auf der staubigen Straße neben Vater herrennend, daß es nicht Winter, sondern Frühsommer gewesen sein muß, daß die verschneiten Felder, die ich aus dem Zugfenster sah, nur der Beklommenheit und dem Frost dieses frühen Morgens geantwortet hatten, und ich erst jetzt, als ich hinter der schwarzen Frau herlaufe, die Sonne entdecke, die weiß gestrichenen, niedrigen Lattenzäune, die sich nur mit Mühe gegen den vielfarbenen Blütensturm der Bauerngärten stemmen. Es ist, als ob die Gasse sich verlängere.

Vor einem Häuschen, dessen Dach ich, wenn ich mich streckte, mit der Hand erreichen könnte, halten wir an. Die Frau klopft, geht uns voran und läßt sich nicht mehr blicken.

An ihre Stelle tritt Herr Glück. Er ist so groß und gedrungen wie sie, sein Buckel ist so rund wie der ihre und Herr Glück ist, wie sie, ganz in Schwarz gekleidet. Vielleicht war er sie gewesen und sie ist nun er? Vater scheinen alle die Merkwürdigkeiten nicht aufzufallen.

Der Mann führt uns in ein winziges, mit Möbeln zugestelltes Zimmer, das dennoch groß wird durch den Garten, der die beiden Fenster wie eine weiträumige Kulisse öffnet.

Auf dem Tisch stehen eine rotgetupfte Kanne und zwei Tassen.

Herr Glück hat sich auf den Besuch vorbereitet. Und obwohl er mit mir nicht gerechnet hat, sagt er freundlich und gefaßt: Ich werd dir einen Krug mit Saft bringen, Bub.

Er eilt hinaus und bleibt doch da.

Vater setzt sich auf das Sofa, das Herr Glück Kanapee genannt hat, zieht mich neben sich, und schon stellt Herr Glück ein Glas und eine Karaffe vor mich hin, nimmt Platz in dem Ohrensessel uns gegenüber, wird klein, zieht sich zusammen in Demut und Erwartung.

Vater nippt an der Tasse, setzt sie ab, reibt sich die Hände, worauf sich sein Gegenüber ebenfalls die

Hände reibt, als könnten sie sich auf diese Weise unterhalten.

Ich bilde mir ein, daß in dem Garten vor dem Fenster jemand singe, ein trauriges, endloses Lied.

Ich bilde mir jetzt ein, daß ich es mir eingebildet habe, denn damals kannte ich solche Lieder nicht.

Nicht Vater beginnt das Gespräch, sondern Herr Glück.

Mein Treuhänder, sagt er, mein Treuhänder hat mir alles genommen, und daß ich hier wohnen kann, verdanke ich allein Frau Kratochwil.

Das Wort Treuhänder setzt sich in meinem Kopf fest und ich grüble, weshalb sich bei diesem Mann alles ins Schlimme verkehrt, wie es möglich ist, daß jemand mit treuen Händen ihm alles nehmen kann.

Ich kann Ihnen nicht helfen. Vater spricht sehr leise.

Ich weiß. Herr Glück nickt zustimmend. Vaters Hilflosigkeit verletzt ihn nicht. Vater fügt noch einen schlimmen Satz hinzu:

Ich weiß gar nicht, weshalb ich noch gekommen bin.

Herr Glück richtet sich auf. Seine Augen werden groß und freundlich. Damit Sie mir nicht auch noch verlorengehen, sagt er.

Vater hat wohl mit einer solchen Antwort nicht gerechnet. Er legt überrascht die Hand auf die Brust und fordert mich auf, in den Garten zu gehen.

Geh und schau dich ein bißchen um.

Herr Glück führt mich hinaus, bleibt neben mir

stehn, atmet tief ein und sagt: Es ist jedes Jahr zu dieser Zeit ein Wunder.

Dann höre ich ihn schon wieder hinterm Fenster, seine sanfte, singende Stimme, die nichts anderes geübt hat als Klage.

Ich habe noch nie einen Garten wie diesen gesehen. Er ist klein und so groß wie die Welt. Alle Farben, die einem nur einfallen können, brechen in Blüten auf. Er wuchert und wächst dennoch nicht zu. Schmale Sandwege kreuzen sich, führen zu zierlichen Rondells, die wie Ringe um den Fuß dreier Bäume gelegt sind. Auch die Bäume blühen. Ich folge den Wegen. Mit jedem Schritt wird der Garten weiter. Die Vogelstimmen sind laut und die Bienen summen nicht, sie dröhnen. Vielleicht bin ich in einen Traum geraten, den Herr Glück träumt. Ich trete ans Fenster. Es ist halb geöffnet und liegt so tief, daß ich ohne Mühe ins Zimmer sehen kann.

Vater sagt: Die Gesetze sind gegen Sie.

Ich weiß, ich weiß, sagt Herr Glück.

Es hat also keinen Zweck, um Aufschub zu bitten, sagt Vater.

Herr Glück antwortet: Ich weiß, ich weiß.

Und Vater sagt: Es ist immerhin Theresienstadt und nicht –

Worauf Herr Glück nicht mehr mit Worten antwortet, sondern sich im Sessel zu wiegen beginnt, dabei schnalzt und seufzt er, Oioioi, und weint über sich und darüber, daß er den Garten verlieren würde, der beinahe dem Paradies gleicht.

Vater erhebt sich und sagt, als befände ich mich schon in der Stube: Komm, wir müssen gehn. Er sagt auch: Es ist schlimm, Herr Glück, es tut mir leid.

Ich klettere durchs Fenster, stelle mich neben Vater und warte mit ihm, daß Herr Glück ebenfalls aufstehe. Er tut es, ohne uns anzuschauen. Vater schließt ihn in die Arme, wenn auch nur für einen Augenblick.

Herr Glück schlurft uns voraus zur Haustür. Dort wartet schon Frau Kratochwil auf uns.

Das ist aber nicht nötig, sagt Vater.

Nichts ist nötig, sagt Herr Glück, kehrt uns den Rükken zu, geht auf im Schatten des Flures, macht sich unsichtbar, damit Vater nach keinem Abschiedswort suchen muß.

Frau Kratochwil geleitet uns wortlos zum Bahnhof.

Wir müssen lang auf unseren Zug warten, und wenn mich die Erinnerung nicht trügt, hat es wieder zu schneien begonnen wie auf der Herreise.

Du hast mir, ich bin sicher, mit dieser Fahrt zu Herrn Glück auf Nemec antworten wollen. Das konnte dir nicht gelingen, Vater. Du hättest reden, dich redend mit dem Unglück des Mannes verbünden müssen. Du hättest, gegen meinen Unglauben, erzählen müssen, was ihn in Theresienstadt erwartete. Wahrscheinlich fürchtetest du meine Fragen, meinen naiven, von Nemec und anderen bestärkten Widerstand. Ich begriff deinen Mut und deine Herzlichkeit nicht. Ich fragte mich nur, wie du dazu kamst, Herrn Glück, einen Fremden, zu umarmen.

Mutter empfing uns ängstlich.

Wie war es? fragte sie.

Vater antwortete ihr nicht, warf den Mantel über einen Sessel, zog die Tür des Herrenzimmers hinter sich zu. Er erschien nicht einmal zum Abendessen.

Mutter versuchte mich auszuhorchen: Sag doch, wie war's?

Ich weiß nicht. Sie haben mich in den Garten geschickt. Herr Glück hat erst geweint. Dann hat Vater ihn umarmt.


Im Februar 1943 wurde mein Vater zum Panzer-Grenadier-Ersatzbataillon Nr. 2 nach Mährisch-Weißkirchen eingezogen. Zur gleichen Zeit erfuhr er, daß er seine Praxis als Anwalt nicht fortführen dürfe. Frau Spatschek hielt sich jedoch ein oder zweimal wöchentlich in der Kanzlei auf, behauptete, Briefe für den Herrn Doktor schreiben zu müssen, empfing Freundinnen, spielte mit uns Schiffeversenken, hielt aus zorniger Treue den Platz warm, denn es könnten sich, hoffte sie, die Zeiten wieder ändern. Bohumila, die Mutter im Haushalt geholfen hatte, verließ uns, und ich zog, da Mutter Lore nicht durch meinen Eigensinn verdorben sehen wollte, in das enge, immer feuchte Mädchenzimmer neben der Küche. Die Wohnung wurde größer.

An den Nachmittagen trieb ich mich herum, und meinte, unterstützt von Nemec, die Eltern kaum zu brauchen, da mich im Herbst ohnedies das Jungvolk aufnehmen und ich in ihm eine neue, größere Familie finden würde.

Meine Eltern haben in einer anderen Welt gelebt als ich. Die Fliegerangriffe auf das Reich hatten begonnen. Es war abzusehen, wann Bomben auch auf Brünn oder Olmütz fallen würden. Die deutschen Truppen wichen an allen Fronten zurück, Rommels Armee kapitulierte in Afrika, Mussolini wurde verhaftet, im Handstreich wieder befreit, doch der neue italienische Regierungschef, Marschall Badoglio, erklärte Hitler den Krieg. Im Warschauer Ghetto wehrten sich die Juden gegen ihre Peiniger. Alle diese Nachrichten erreichten mich nicht oder sie wurden von meinen Lehrern, von Nemec, von geübten, gläubigen Lügnern umerzählt. Warum verbarg selbst Mutter ihr Wissen? Warum rüttelte sie mich nicht wach, erzählte mir nicht, was sie wußte? Weshalb duldeten sie meine kindische Renitenz, fügten sich ihr sogar, indem sie sich lächerlich machten, wie Vater, als er zum ersten Mal in Uniform nach Hause kam.

Mutter hat mich gebeten, zu Hause zu bleiben, Lore hübsch herausgeputzt, lange mit Großmutter telefoniert und einen Kaffee ohne Zichorie aufgebrüht. Vater habe überraschend zwei Tage Urlaub bekommen, um seine berufliche Hinterlassenschaft zu ordnen, was immer das auch bedeute, und er müsse eigentlich schon hier sein, denn er sei von einem Wagen mitgenommen worden.

Er kam dann doch viel zu spät.

Mutter telefonierte noch einmal mit Brünn. Sie ärgerte sich, daß der Kaffee durchs Aufwärmen schlechter werde.

Ich zog mich in mein Zimmer zurück, legte mich aufs Bett, dachte mir aus, daß Vater verunglückt sei und Mutter müsse sich nun allein mit uns durchschlagen. Ich träumte, daß Mutter sich auf mich verließ, daß ich sie unterstützte, auf dem Bann Arbeit bekam, Geld für sie verdiente.

Ich hörte die Klingel, dann Vaters Stimme.

Aber sie riefen mich nicht. Es schmerzte mich, daß Mutter nun doch mit Vater allein sein wollte. Ich fing an zu zählen, sagte mir, wenn sie mich bei fünfhundert nicht holten, würde ich ganz einfach hingehen und sie überraschen. Als ich die ersten fünfhundert durch hatte, begann ich noch einmal von vorn. Dann schlich ich mich durch die Küche, stand einen Augenblick vor der Tür. Sie redeten. Ich drückte die Klinke herunter, wagte es jedoch nicht, sie zu überraschen und klopfte.

Ja, sagte Vater.

Sie saßen auf der Couch. Vater hatte seinen Arm um Mutter gelegt.

Er stand auf und ich blieb stehen.

Er war in den wenigen Wochen mager geworden, sein Gesicht nicht mehr so rund, und sein Lächeln blieb unter den Augen. Er sah nicht wie ein Soldat aus, sondern wie jemand, der aus Hohn Soldat spielte, der sich ungern verkleidet hatte.

Ich weiß nicht mehr, was er sagte.

Ich kann mich auch nicht erinnern, wie der Nachmittag verging. Ob sie mich nach einer Zeit wieder hinausschickten. Ob Vater mich ausfragte, sich mit mir unterhielt. Ob er von sich erzählte.

Eine Szene hat alle andern verdrängt:

Er hat seine Uniformjacke abgelegt. Ich finde es lächerlich, daß er, trotz des Koppels, Hosenträger anhat.

Unvermittelt zieht er die kurzen Stiefel von den Füßen und sagt:

Das ist das Schlimmste.

Er meint nicht die Stiefel, daß sie ihm zu klein sind, ihn drücken, er meint, was er mit zwei, drei Handgriffen auffaltet: Fußlappen! Das sind Fußlappen. Er benimmt sich und klagt wie ein Kind.

Die großen, nackten, von roten Wülsten besetzten Füße stehen nebeneinander und wachsen vor meinen Augen. Sie dehnen sich und schwellen. Und dazu höre ich die Stimme meines Vaters, der sich wehleidiger benimmt als jeder Pimpf und über diese blöden Lappen jammert. Ich renne hinaus, schlage die Tür hinter mir zu.

Nach diesem Besuch sah ich meinen Vater eineinhalb Jahre nur selten, und jedes Mal brach er, verletzt und verletzend, in ein Leben ein, das ihn kaum mehr brauchte. Das, was ich für ewig gehalten hatte, was so selbstverständlich wie die Natur erschienen war, die Familie, löste sich auf. Vater und Mutter hatten mich nicht ins Vertrauen gezogen, sie hatten mich belogen und hintergangen, sie hatten, meinte ich, ein falsches Spiel gespielt. Nemec und der Bann boten mir ein neues, gleichsam unangreifbares Zuhause. Mutter beschwor mich, von diesen rohen und gemeinen Menschen abzulassen.

Und sie? Benahm sie sich nicht ebenso roh und gemein, wenn sie Abend für Abend fortging, uns verheimlichte, wohin und zu wem, und Nemec mich schließlich aufklärte, sie habe ein Verhältnis mit dem Großbäcker Teubner, die ganze Stadt wisse es, nur ich Blödian nicht. Wozu brauchte sie mich noch? Nun wußte ich, daß Vater Tante Manja liebte und Mutter, diesen Teubner. Ich wußte alles.

Es gefällt mir nicht, daß du dich in solchen Kreisen bewegst, sagte sie.

Und du? sagte ich.

Sie schlug mich, trat mich mit den Füßen, schimpfte und weinte, und ihre Verzweiflung erschreckte mich. Vielleicht litt sie mehr, als ich wußte. Vielleicht liebte sie Vater noch, obwohl sie zu einem andern ging. Aber sie sagte ja nichts.

Im Herbst 1943 kam ich aufs Gymnasium und wurde fürs Jungvolk vereidigt. Wir standen im Karree vorm Rathaus, abends, Fackeln loderten, der Bannführer redete uns die heilige Pflicht in die Köpfe und wir schworen, dem Führer treu bis in den Tod zu dienen. Von da an trug ich Uniform.

Ich bin zehn. Ich schreibe: Ich bin zehn, was auch bedeutet, daß ich mich mir nähere, daß ich spüre, wie zwei Erinnerungen, zwei Körper sich ineinanderschieben. Ich nähere mich mir und bin sechsunddreißig Jahre von mir entfernt. Fast jede Nacht träume ich von einem Kind, das träumt. Ich träume die Träume des Kindes und weiß sonderbarerweise, daß ich sie wiederhole. Es sind meine Träume und doch sind sie es nicht. Und wenn ich die Szenen hinter meinen geschlossenen Lidern sehe, kann ich auch erklären, weshalb: fast alle Personen, die mich in den wirren, ihren Sinn nicht preisgebenden Geschichten begleiten, sind alt und mächtig, selbst wenn sie freundlich mit mir umgehen. Ich blicke von unten nach oben. Wache ich auf, spüre ich, daß ich einen Rest der Ängste in meine Gegenwart mitgenommen habe. Sie sind wieder wirklich. Wie damals.

Ich kann es mir nicht erklären, warum nach der Vereidigung mein Interesse an Nemec und unserer Hilfstätigkeit am Bann nachließ. Vielleicht, weil es nun erlaubte Attraktionen waren. Ich ging zwar regelmäßig zum »Dienst«, doch schloß ich mich einigen Außenseitern an, die andere, freiere Vergnügen vorzogen und mich nach und nach in sie einweihten.
Olmütz, die Stadt, mischt sich ein, wird sichtbar, die beiden großen Plätze mit den Säulen und Brunnen, die schmalen Gassen, die einstöckigen, ocker verputzten Häuser, in denen man eng beieinander lebt, aus denen Gezeter und Gelächter tönt und in die ich

hineinschlüpfen möchte wie in Höhlen. Nicht an die prächtigen Fassaden der Paläste, an die Kirchen und Parks werde ich später denken, sondern an sie, an diese steingewordenen Joseph-Roth-Zeilen, von denen ich jetzt auch träume, wie von den Parks und Gärten an der ehemaligen Stadtbefestigung, am Michaelerausfall, wo wir die bröckligen Mauern hochkletterten und wo die Luft grün roch nach dem stehenden Wasser der March.

An den Nachmittagen waren wir unterwegs. An den Abenden auch, unter den mißbilligenden Blicken der Erwachsenen, die uns gewähren ließen, sich nicht mehr trauten, uns einzufangen:

Wenn es dämmerte, wenn wir, untergehakt, unsere gemeinsame Stärke erprobend, bummelten, auf dem Korso, den Mädchen nachschauten, nachriefen, empfanden wir ein Glück, für das wir noch keine Wörter fanden, das wir blöde stammelten. Wir wußten wenig und fühlten uns uralt, redeten über Krieg, Weiber, über Heldentod und Vergewaltigungen. In unseren Köpfen sammelte sich Unrat; wir meinten, es sei die Welt.

Mutter sagt: Ich hab es Vater schreiben müssen, wie du dich herumtreibst. Ich kann das allein nicht mehr verantworten.

Ich könnte ja auch schreiben, antworte ich.

Sie warnt mich erst, als Vater sich überraschend für zwei Tage ankündigte: Ich bitte dich, sei so lieb, bleib nicht von daheim weg. Und ich nehme mir vor, Vater nicht aufzufallen, ihn nicht zu ärgern, denn er ist Sol-

dat, wenn auch nur ein komischer Schreibstuben-
hengst, und Frau Spatschek hat, als ich ihr half, in der
Schulgasse die Akten »für einen möglichen Auszug«
zu schnüren, eine Rede auf Vater gehalten, die sich
anfangs lächerlich anhörte, mich aber mit einigen Sät-
zen beeindruckte, weil sie einen anderen Vater schilderte, als ich ihn kannte.

Junger Herr, redete sie mich an, wenn es ihr ernst
war, junger Herr, du legst manchmal ein Benehmen
an den Tag, das ich mir, wäre ich dein Vater oder
deine Mutter, nicht bieten lassen würde, aber auch so
und überhaupt fehlt es euch Falotten in Uniform an
Respekt, weil er euch, no, sag ich, von etwas älteren
Falotten und Tachinierern ausgetrieben wird, die nur
auf ihre Stunde gewartet haben, einem so anständigen
Menschen wie deinem Vater das Leben schwer zu machen. Was kann er dafür, daß er ein bissel gütiger ist,
als wie man es heut wünscht, daß er die Menschen
noch als Menschen sieht und nicht als Uniformträger,
die man zu grüßen hat oder nicht. Du bist noch zu
jung, um einzusehen, welche Last dein Herr Vater mit
allen diesen Akten auf sich genommen hat. Leben sind
das nämlich. Du mußt nicht glauben, daß es sich hier
um Verbrecher handelt. Sicher gibt's ein paar drunter.
Ja. Aber die wenigstens sind es. Die andern haben die
neuen Gesetze nicht verstanden und gegen sie verstoßen. Oder sie haben sich strafbar gemacht, nur weil es
sie gibt. Als Juden oder Tschechen. Oder sie haben
aus Not gegen das Gesetz gehandelt, aus Blödheit.
Geschichten könnt ich dir erzählen, junger Herr, daß

du genausowenig aus und ein wüßtest wie die, von denen dein Herr Vater immer sagt: Sie sind schon gestraft zur Welt gekommen. Euer Herr Führer möchte, daß die Deutschen der ganzen Welt ihre Stärke beweisen. Was man vielleicht eine Überzeugung nennen könnte. Ich möchte nicht behaupten, daß es die meine ist, junger Herr. Schließlich diene ich deinem Herrn Vater, der, wenn er auch jetzt Soldat sein muß, eigentlich hierher gehörte, wo er vielen nützen könnte, die nun allein gelassen sind, so oder so, und sich nicht mehr auskennen in der Welt. Jetzt hab ich mir Luft gemacht und du vergißt schleunigst alles, was ich dahergeredet hab. Aber sagen hab ich dir's müssen.

Sie reißt an den Schnüren, wirft die Akten aufeinander und schickt mich fort. Ich könnte sie auf dem Bann oder auf der Kreisleitung anzeigen, könnte es Nemec erzählen, doch sie hat diese Rede Vater zuliebe gehalten.

Mutter öffnet mir blaß, mit verweinten Augen die Tür.

Vater erwartet dich.

Sie hat sich über mich beklagt, ich weiß es, hat wiederholt, was sie an Großmutter schrieb und was ich zufällig las: Der Junge läßt sich nichts mehr von mir sagen. Er treibt sich herum, kommt abends erst spät nach Hause. Und das in diesem Alter. Die Kinder verkommen, ohne daß wir etwas dagegen ausrichten können.

Geh hinein, sagt Mutter.

Gleich?

Ich habe es dir doch gesagt. Er wartet auf dich.

Vater sitzt, mit dem Rücken zu mir, am Schreibtisch. Sein Rücken ist gegen mich. Vater murmelt. Ich muß genau hinhören, um ihn zu verstehen. Unten, in der Wassergasse, spielen Kinder Fußball.

Stimmt es, was Mutter mir erzählt hat?

Ich antworte ihm nicht.

Also – stimmt es?

Ich weiß nicht.

Du weißt es sehr wohl.

Nein.

Warum lügst du?

Ich lüge aber nicht.

Du kommst abends also nicht spät nach Haus?

Doch.

Und Mutter weiß immer, wo du dich herumtreibst?

Nein.

Wie kommst du dazu?

Ich weiß nicht.

Habe ich dich nicht gebeten, Mutter zu helfen?

Ja.

Und?

Sie braucht mich nicht.

Nein?

Nein.

Wieso meinst du das?

Die braucht andere, den Teubner und –

Er springt auf, reißt den Stuhl um. Ich möchte lachen. Doch ich fliehe vor ihm, laufe vor ihm her und höre seinen Atem.

Ich stoße die Tür zum Speisezimmer auf. Er verfolgt mich rund um den großen Tisch. Ich bin schneller als er. Er versucht mir den Weg abzuschneiden. Ich bin ihm immer um ein paar Schritte voraus. Er könnte mich totschlagen, denke ich, und ich denke, ich werde es nicht mehr aushalten und in Lachen ausbrechen und er wird sich in seinem Zorn nicht mehr kennen.

Du!

Ich entwische ihm, winde mich durch die Tür, spüre seine haschende Hand, hetze durch den Vorsaal an Mutter vorüber, drücke die Klotür hinter mir zu, schiebe den Riegel vor. Ich höre ihn atmen. Ich habe erwartet, daß er gegen die Tür schlägt. Er tut es nicht. Ich sitze auf dem Klo und mache mich klein. Es ist mir egal, wie lange ich warten muß. Ich weiß, er muß in die Kanzlei. Er kann mir nicht den ganzen Nachmittag auflauern. Aber er bleibt.

Mutter sagt: Komm heraus! Vater tut dir nichts.

Ich bin doch nicht blöd.

Da siehst du es, sagt Vater.

Komm heraus, bitte!

Nein. Endlich kann ich lachen.

Da hörst du es, sagt Vater.

Auch nachdem er gegangen war, traute ich mich nicht gleich aus meinem Asyl. Ich wartete, bis Mutter mir versicherte, ich könne ungestraft auf mein Zimmer gehen, bekomme jedoch nicht einen Bissen zum Abendessen.

Ich legte mich hin, versuchte zu lesen, schlief ein, und wachte daran auf, daß mich eine Hand im Nacken packte. Er war es. Er hat mir seine Wut den Abend lang nachgetragen. Er hatte kein Licht gemacht. Die Schläge waren schwer und unberechenbar. Erst nach einer Weile merkte ich, daß er mich mit dem Koppel prügelte. Ich preßte die Lippen zusammen. Er sollte, selbst wenn ich stürbe, keinen Ton von mir zu hören bekommen. Er wollte offenbar nicht aufhören, bis ich schrie. Mein ganzer Körper brannte. In meinem Kopf fing eine dünne Stimme an zu jammern: Er schlägt mich tot. Er schlägt mich wirklich tot. Plötzlich ließ er von mir ab. Leise, als verlasse er eine Krankenstube, zog er die Tür hinter sich zu. Ich wälzte mich auf den Bauch, da mich das Leder dort kaum getroffen hatte, preßte das Gesicht ins Kissen und hoffte, daß die Schmerzen mich doch noch umbrächten und er sich als Mörder selbst verteidigen müßte.

Ich habe gegen dich geschrieben, Vater, nicht für dich, noch immer gegen dich, obwohl ich mir die Verletzung erklären kann, die kindliche Gemeinheit, die dich traf, obwohl ich mit dir fühlen kann. Daß die Zeit die Wunden heile, ist eine leichtfertige Beteuerung.

Vater hatte wegen einer Bruchoperation eine Woche lang im Lazarett Kloster Hradisch gelegen. Wir hatten ihn einige Male besucht, waren von den kranken und verwundeten Soldaten mit kleinen Geschenken verwöhnt worden. Nun war er für einen Tag heimgekehrt, hatte sich in einen Zivilisten verwandelt, mit der Uniform die Fremdheit abgelegt. Er spielte mit Lore und ihren Puppen, überließ mir die alte zweite Schreibmaschine aus der Kanzlei, um die ich ihn und Mutter schon seit langem gebeten hatte, machte eine »Stippvisite« im Café Rupprecht und hielt mich in Spannung, indem er mir für den Abend eine Überraschung versprach. Ich solle mich nur ordentlich anziehen; auf keinen Fall die Uniform.

Am Abend kam Vater im dunklen Anzug, um uns abzuholen. Sie nahmen mich mit in die Oper.

Ich bin schon im Theater gewesen. Die Oper aber muß, vor allem für Vater, das Theater bei weitem übertreffen, von ihr schwärmt er, von Sängern und Dirigenten, er kennt viele Namen und kann die Opernhäuser von Dresden, Prag, Leipzig, Brünn beschreiben.

Wir brechen auf. Ich darf mit. Ich renne nicht, nachdem die Wohnungstür ins Schloß gefallen ist, in den dunklen Vorsaal, lausche auf das schleifende Geräusch des Lifts und atme den Hauch von Parfüm ein, den Mutter zurückgelassen hat.

Wir gehen durch die Passage, in der neuerdings nur noch Notlichter brennen. Vater sagt: Hoffentlich wird die Aufführung nicht durch Alarm unterbrochen.

Der große Platz liegt im Dunkeln. Unwillkürlich sprechen wir leiser. Es fehlt nur noch, daß wir auf Zehenspitzen gehen.

Ich freu mich, sagt Mutter.

Ich habe vergessen, dir die Tosca zu erzählen, sagt Vater.

Mutter findet es nicht schlimm. Er muß ja nicht alles verstehn.

Auch die hohen Fenster am Theater sind verdunkelt.

Wir treten ein, keiner flüstert mehr. Es ist so hell, daß ich die Augen zumache.

Hier, sagt Vater und zeigt auf lange leere Theken, hier werden sonst die Mäntel abgegeben, aber wegen eines möglichen Fliegeralarms muß man sie nun mit in den Zuschauerraum nehmen.

Er sagt: Wir haben Loge neun.

Sie ist eine Auszeichnung, eine Gondel, die über dem großen Zuschauerraum schwebt und die wir für einige Stunden für uns haben dürfen.

Sie sparen Licht, erklärt Vater. Sonst ist der Raum noch heller.

Ich kann es mir nicht vorstellen, denn er glänzt und funkelt, als hätte sich Babitschkas Lüster vervielfacht.

Es ist aber schön, sage ich.

Allmählich wird das Licht schwächer. Ich lege meine Arme auf die Brüstung und habe das Gefühl zu fliegen, bis hin zur Bühne. Jetzt kommt der Dirigent, hat es eilig, springt auf das kleine Podium, hebt die Arme. Es wird still im Theater. Das Orchester spielt. Erst nach einer Weile geht der Vorhang auseinander.

Ich habe später Puccinis Oper mehrere Male gesehen, begriff und korrigierte. Dennoch hielt das, was ich damals gesehen hatte, stand. Das Blut blieb wahres Blut, Cavaradossi verlor nichts von seiner Heldenkraft, auch wenn ich die Handlung nicht verstanden hatte.

Als Cavaradossi am Ende allein vor den Vorhang trat, klatschte ich wie verrückt, schrie Bravo wie andere, und Vater sagte lächelnd: Ich fürchte, du wirst ein Opernnarr werden.

Nach diesem Abend verschwand Vater für ein Jahr aus unserem Leben und kehrte erst zurück, um uns vor der sich nähernden Front zu retten.

Nemec holte mich wieder ein. Er erhitzte uns mit obszönen Gedichten, brachte dreizehnjährige Mädchen mit geilen Schilderungen so weit, daß sie die Vergewaltigung durch Rotarmisten wie eine Erlösung erwarteten. An diesen Abenden im Sommer und im frühen Herbst des Jahres 1944 waren wir allein auf uns gestellt, Kinder ohne Herkunft. Wir redeten uns ein, den Untergängen der Großen gewachsen zu sein, und wenn ich heute an diese quasselnden, kichernden, sich aneinanderklammernden Kinder denke, die provozierend Atika rauchten oder in würgenden Schlukken Sliwowitz tranken, die ihre Gesichter aneinander legten, in Toreinfahrten Hosenlätze öffneten und Röcke hoben, wenn ich mich wieder unter sie mische, kehrt das Gefühl einer Unabhängigkeit zurück, die das Leben schon nicht mehr ernst nahm.

Wir äfften auch in der Sprache die Erwachsenen nach, um uns so gegen sie zu wehren.

Meine Alte treibt's jetzt mit dem.

Mach was dagegen.

Die blasen sich doch bloß Pariser auf.

Das sind so die Genüsse der Heimatfront.

Manchmal fing ein Mädchen unvermittelt an zu heulen, dann schlossen die andern es schützend in einem Kreis ein, sahen zu, betatschten das von Tränen nasse Gesicht, flüsterten: Hör doch auf, is' schon gut, is' schon gut, waren selber den Tränen nah, boxten, schubsten, balgten, tauschten Fotos, versprachen sich, »immerimmer« zu schreiben, wenn »alles mal zusammenkracht«, wenn die Russen kommen, die doch nicht kommen werden und doch kommen und vielleicht doch nicht.

Du verkommst, sagte Mutter, ich seh nicht, wie das enden soll.

Sie sagte es oft, doch ohne Nachdruck, mehr wie den Refrain eines zu viel gesungenen Lieds.

Sie verabredete sich mit mir in der Stadtbücherei, von wo wir Bücherpakete wegschleppten, Felix Dahn und Dinah Nelken und Carossa, Gustav Freytag und Gerstäcker; und wo sie sich dann, Lore an der Hand, von mir verabschiedete: Schau zu, daß du nicht zu spät nach Hause kommst, mich entließ, um zu Teubner zu gehen, und ich mir ausmalte, wie sie Lore mit gezuckerten Früchten stopften, im Nebenzimmer verschwanden und dort das, was ich mir nicht ausdenken wollte, trieben.


Jeder könnte mich mitnehmen. Jedem würde ich glauben. Ich will weg. Nein, ich möchte doch hier bleiben, diesen großen Platz zu meiner Wohnung machen, auf den Stufen der Dreifaltigkeitssäule warten, bis die von Stein zu Stein gezogenen Eisenketten der Umsäumung kühl werden, ich wachse, kein Kind mehr bin, das jeden Morgen widerwillig aufs Gymnasium zieht, ein Pimpf, der sich im Dienst anscheißen lassen muß, sondern einer von denen, die das Niemandsland beherrschen, verschlagen und voller neuer Kenntnisse.

Unser Revier dehnte sich aus. Bald war es die ganze Stadt. Wir hatten Dienste zu verrichten. Oft fiel die Schule aus. Zwar heulten nahezu jede Nacht die Sirenen, doch noch war auf Olmütz keine Bombe gefallen.

Manchmal verbrachten wir die Nächte auf dem Bahnhof, schöpften für die in überfüllten Zügen durchreisenden Flüchtlinge aus Bottichen Suppe oder Milch, hatten schon nach zehn Minuten einen Krampf im Arm, wurden von den Schwestern vertrieben: Was tun diese Idioten uns an, auch noch Kinder zu schikken! Wir hockten in der Wachstube herum, kaum geduldet, geplagt von dem, was wir gesehen, gehört hatten, lauter begonnene Gruselgeschichten, und richteten uns erst wieder auf, wenn einer der wachhabenden Offiziere die Stube betrat, uns gönnerhaft auf die Schultern klopfte und den Schwestern von neuem die Gelegenheit gab, über die Verrückten zu lästern, die Kindern »das antun«.

Vom Bahnhof zogen wir in die Lazarette. Anfangs hatten uns viele der Verwundeten verhöhnt. Es habe gerade noch gefehlt, daß man ihnen Schrumpfsoldaten zur Unterhaltung schicke, aber bald zeigten sie uns Bilder von ihren Söhnen und Familien, brachten uns Skat und Tarock bei, benützten uns als Laufjungen. Wir mußten für sie einkaufen, besonders Senf, der als Brotaufstrich begehrt war, den es ohne Karten gab, wenn es ihn gab.

Manche lagen still, eingepuppt in Verbänden. Einer der Verwundeten behauptete, sie verfaulten einfach unter den Wickeln. Ich stellte mir vor, wie das Fleisch sich zersetzte, stank, wie es schrumpfte, wie diese Puppen hohl wurden und nur der Kopf noch herausschaute, stumm, diese Köpfe, die wir auf den Kissen liegen sahen, Köpfe schon ohne Leiber.

Du warst nicht da, Vater, du konntest nicht da sein, ich weiß, du hättest mir Antworten geben können auf die Ausgeburten dieser Männerwelt, durch die ich irrte und die ich mir kindisch auslegte. Mutter schrieb häufig an dich. Jedes Mal dachte ich: Sie lügt, sie kann ihm nichts von Teubner schreiben, sie macht ihm etwas vor. Mein Vater ist nicht mehr mein Vater und Teubner wird nie mein Vater sein. Aus deinen Briefen las sie uns manchmal vor. Sie enthielten stets ein freundliches Lob für Lore und eine Mahnung für mich. Ich solle es Mutter doch nicht noch schwerer machen, als sie es ohnehin schon hat. Wer macht es wem schwer? Selbst wenn du es versucht hättest, hättest du mich nicht erreicht: Als ich hilflos mit Lore flennte, weil Mutter uns alleingelassen hatte und wir die Köfferchen für den Luftschutzkeller nicht fanden;

als ich mich mit Franzbranntwein betrank und mich danach so lange übergab, bis ich glaubte, mein Leib würde sich wenden lassen wie ein Anzug; als Frau Spatschek mich auf dem Bummel auflas, mich mitnahm in die Schulgasse, denn ich, der junge Herr, müsse mir anschauen, wie die Kanzlei des Vaters mißbraucht werde, eine Schande, sie die Tür zum Wartezimmer aufstieß und gleich über zeternde Kinder stolperte, das Büro sich verwandelt hatte in eine erbärmliche Herberge, in der es stank, in der ein Kanonenofen glühte und auf einem Schemel eine Frau saß, an deren weißer Brust ein Säugling lag, und ich an Frau Nemec denken mußte, an ihre weiche Unerschöpflichkeit; als mitten während des Englisch-Unterrichts einer von meinen Mitschülern aufstand und unserer jungen Lehrerin seinen Schwanz zeigte; als der Kreisleiter Nemec und mich für unsere Hilfe auf dem Bahnhof belobigte; als ich mit dem Jungzug den Film »Junge Adler« sah und mir vornahm, aus dem Himmel zu stürzen wie diese »von allen guten Geistern verlassenen« Kerle.

Ich schreibe von einem Elfjährigen, einem Ungeheuer, das kein Kind mehr war, sondern ein aus der Hut gefallener Wechselbalg. Wenn ich mich jetzt mit Elfjährigen unterhalte und mir vorstelle, ich säße als jenes Kind unter ihnen, fürchte ich mich vor diesem Geschöpf, versuche es zurückzudrängen in die Erinnerungslosigkeit. Es ist deinetwegen wachgeworden.

Im Herbst 1944, nach meinem ersten Jahr auf der Oberschule, erhielt meine Mutter den Bescheid, das Rektorat habe mich für die Napola, die Schule des Führernachwuchses, ausgewählt. In einem zweiwöchigen Lehrgang solle ich geprüft werden, die Schule stelle mich dafür selbstverständlich frei. Im übrigen sei diese Wahl eine große Ehre für den Schüler und seine Familie.

Ich war nicht weniger überrascht als Mutter. Es war ein fremder Zugriff, ich wurde sichtbar für andere. Was die für eine Ehre hielten, trieb mich in die Enge. Ich redete lieber von Helden.

Bist du wirklich so gut?

Ich weiß nicht.

Wenn ich an dein Zeugnis denke, gehörst du nicht unbedingt zum Führernachwuchs.

Das weiß ich auch nicht.

Sie sagt: Eine Ablehnung werden wir uns kaum leisten können.

Sie sagt: Ich werde Vater schreiben und ihn fragen.

Und sie sagt: Ich kann überhaupt nicht verstehen, wieso sie gerade auf uns kommen.

Ich bin nicht ihr, schreie ich.

Sie weist mich leise zurecht: Du hast einen Ton.

Am Abend las sie mir vor, was sie Vater geschrieben hatte. Wahrscheinlich unterschlug sie einige böse Sätze über mich, doch die Mitteilung des Direktors gab sie wörtlich wieder. Erst dachte ich, sie wolle sich heraushalten, die Entscheidung ganz Vater überlassen, aber als ich dann in meiner Kammer saß, mich im

Stich gelassen fühlte, wurde mir klar, daß sie auf diese Weise durchaus Partei ergriffen hatte und Vater nahelegte, mich auf die Napola zu schicken. Gerade sie, die ich brauchte, die ich liebte, die mich, ohne es zu ahnen, schützte. Sie mit ihrem falschen, verheimlichten Blut. Sie wollte mich loshaben, weil sie mit mir nicht mehr zurechtkam. Aber ich hätte alles für sie getan, selbst den abendlichen Bummel aufgegeben, wenn sie mich nicht, wie Vater, betrogen hätte, wenn sie mir nicht viele Male bewiesen hätte, wie wenig sie mich brauchte. Nun hatte sie die Gelegenheit, mich abzuschieben. Mit Lore würde sie zurechtkommen; die fragte nicht, ließ sich mitziehen, muckte nicht auf.

Vater antwortete postwendend.

Diese Ausbildung könne mir auf jeden Fall nützen, schrieb er, in diesen Zeiten besonders, ich brauchte, schrieb er, auch einmal eine andere Umgebung, müsse mit anderen Menschen umgehen, mich ihnen fügen lernen. Er schrieb: Ich glaube, die Veränderung wird dem Jungen guttun.

Mutter sagte: Ich werde das Weitere mit dem Direktor besprechen.

Ja, sagte ich.

Sie sagte: Dann wirst du ja bald zur Prüfung müssen.

Ist klar, sagte ich.

Und sie sagte ein wenig leiser: Wenn aber die Front näherrücken sollte, blasen wir alles ab.

Auch diese Trennung blieb unbesprochen, sie wurde vollzogen, Vater. Ich bin nicht sicher, ob ich mich, als die Briefe hin und her gingen, so verhalten habe, wie ich mich erzähle, denn dieser altkluge Junge ist mir fremd. Ich habe keine Vergleiche für ihn. Ich habe die Zeit in mir, aber sie ist in einer Sprache fest geworden, die ich nicht ohne weiteres übertragen kann. Meine Erinnerung muß mich trügen. So rasch und gleichgültig könnt ihr nicht entschieden, ihr müßt auf irgendeine Weise euch noch verständigt, das Für und Wider abgewogen haben. Aber wie? Ich habe nur deinen Brief gehört, der mehr oder weniger einem Befehl glich, hinter dem du dich verstecktest. Ich wurde abgeschoben.

Du warst nicht da, aber ich sehe mich neben dir hergehn, auf der Straße zwischen Schule und Wassergasse, nachdem ich die zweiwöchige Prüfung bestanden hatte, wir auf einem verkommenen Schlößchen in der Nähe von Prerau Aufsätze über Hermann Göring und Adolf Hitler schreiben mußten, in Englisch und Mathematik abgefragt wurden, stundenlang am Schießstand lagen, in Nachtmärschen bis zum Schwächeanfall geschlaucht wurden, von der zwölf Meter hohen Schloßmauer in einen Heuhaufen springen mußten, nachts in die Kopfkissen heulten. Ich möchte dir davon erzählen, aber du willst mir nicht zuhören, du gehst mit ausholenden Schritten neben mir, ich bemühe mich, Schritt zu halten und traue mich nicht, deine Hand zu fassen, weil es kindisch wäre, weil man uns in Prerau gelehrt hat, daß wir uns nun wie Männer, wie zukünftige Offiziere des Führers zu benehmen hätten.

Du warst nicht da, als im September 1944 der kopflose Reißaus begann, eine Fahrt zwischen Städten und hinter den Fronten, ohne Sinn und Plan, doch in stets sich ändernden Gruppen. Immer wollte eine der Frauen dich herrufen: Wenn nur Rudi hier wäre! Wenn Rudi das wüßte! Wenn Rudi! – und ohne Rudi konnten sie gar nichts entscheiden, ohne Rudi verfehlten sie Ziele, verschwanden Ortschaften von der Landkarte. Wenn nur Rudi! – sagten und klagten sie, schleppten dich als unsichtbaren Helfer mit, richteten in Eisenbahnen, auf Bahnhöfen in Notquartieren und Luftschutzkellern Betnischen ein, um dich anzurufen und jedes lautgewordene »Rudi« tat mir weh, weil es dich größer machte.

Geht nach Brünn, riet Vater. Er wollte die Familie zusammen haben, vermutlich auch Mutter von Teubner entfernen. Er wollte auf seine sanfte Weise das Chaos überlisten. Mutter fügte sich ihm. Ich weiß nicht, wann sie sich von Teubner verabschiedete. Von Olmütz verabschiedeten wir uns in einem sonderbaren Amtsgang gemeinsam. Mir schien es unmöglich, die Stadt so ohne weiteres zu verlassen. Ich wisse noch nicht, auf welche Napola ich gerufen werde. Mutter sagte, auf solche Kindereien komme es nicht mehr an, niemand werde nach mir suchen und die Ummeldung werde sowieso jeder Stelle bekannt sein, also auch dem Bann oder der Kreisleitung.

Sie fragt, zwischen Koffern, die sie fortwährend um- und neu packt: Willst du mich aufs Rathaus begleiten?

Warum?

Wie gesagt, wir müssen uns abmelden. Sie kramt in dem Dokumentenkoffer, legt einige Papiere zur Seite. Wenn ich das braune Köfferchen mit dem Messingbeschlag sehe, höre ich die Sirenen, sehe Mutters Schatten im Vorsaal hin- und herhuschen, nach dem Köfferchen suchen, denn alles könnten wir verlieren, nur das nicht.

Sie rennt beinahe über den Ring. Ich denke, wenn ich mich so an sie erinnere: Sie rennt weg. Sie will nicht mehr bleiben. Aber wo will sie hin? Warum hat sie es plötzlich so eilig?

Der alte Herr, bei dem Mutter sich abmeldet, ist anscheinend mit Vater bekannt, er fragt nach ihm, und bittet, ihn, »wenn es sich gibt«, zu grüßen. Mutters Abmeldung scheint ihn verlegen zu machen. Er legt Formulare, die bestimmt nichts mit uns zu tun haben, von der einen auf die andere Seite des Tisches. Eins nach dem andern. Dann bittet er Mutter um ihren Ausweis und um andere Papiere und füllt in einer schönen schwungvollen Schrift leere Zeilen auf einem bedruckten Bogen aus.

Wo werden Sie in Brünn wohnhaft sein?

Mutter gibt Großmutters Adresse an, nicht die der Babitschka.

Wie lange?

Kann ich es wissen?

Der alte Herr schüttelt, ohne aufzuschauen, den Kopf.

Nein, das nicht. Haben Sie jemanden, der inzwischen auf Ihre Wohnung achtgibt und den wir nötigenfalls erreichen können?

Mutter nennt Teubners Namen. Ich bin nahe daran, den Beamten zu bitten, diesen Namen wieder zu streichen, weil ich nicht will, daß dieser Mann doch noch Einlaß in unsere Wohnung findet, ohne daß wir ihn zurechtweisen und hinauswerfen können.

Der Beamte legt ein neues Blatt vor sich hin und sagt: Dann müssen wir nur noch dafür sorgen, daß der Familienunterhalt nach Brünn überwiesen wird.

Ja, sagt Mutter, ich bitte darum.

Sie können das Geld zu Beginn eines jeden Monats auf dem Rathaus in Brünn abholen.

Danke. Mutter nimmt die Dokumente an sich und fragt: Ist damit alles erledigt?

Soweit ich es übersehen kann. Ich wünsche Ihnen eine gute Reise. Der alte Herr steht auf, begleitet uns zur Tür.

Wieso bekommst du Geld? frage ich.

Es ist mir unangenehm, daß wir so bezahlt werden, Bettelgelder empfangen, doch sie erklärt es anders: Es steht uns zu. Es ist ein kleiner Teil von dem Geld, das Vater als Advokat verdienen würde. Und ich dachte, ich denke: Selbst hier ist er noch gegenwärtig, sorgt für uns, obwohl er nur ungern Soldat ist, ein Schreibstubengefreiter, der nicht schießen kann und sich nicht wehren will.

Zwei Stunden ehe der Zug fährt entwische ich doch noch und renne zum Bann. Es ist kaum jemand mehr da. Ich halte mich an eine der Schreibfrauen, für die ich ab und zu eingekauft habe, doch sie rennt von Zimmer zu Zimmer, ich ihr nach, ich versuche ihr zu erklären, daß mein Zug gleich fahre, daß ich nach Brünn umziehe, aber bestimmt wieder nach Olmütz zurückkehre, daß meine Mutter es so will, daß ich aber, wie sie ja wisse, die Prüfung für die Napola bestanden hätte, daß ich nicht weglaufen wolle, daß man mich auch in Brünn erreichen könne, daß das alles wichtig sei wegen der Prüfung und der Napola. Da hält sie an und sagt: Sorgen hast du, Bub, die möcht ich haben. Verschwind bloß, ehe ich mich vergesse. Ich laufe die Treppe hinunter, an Uniformierten vorüber, die nichts mehr wichtig nehmen, auf jeden Fall nicht mehr das, was mir wichtig ist.

Ich gab dir die Schuld, Vater: Daß man mich nicht ernst nahm, mußte an dir liegen. Du hattest auf mich abgefärbt. Alles, was ich von dir nicht wußte, plagte mich. Du kamst und gingst. Du warst da und zogst dich zurück. Du schwiegst oder schlugst. Du warst der ruhige große Mann in der Kanzlei und konntest im nächsten Augenblick, zu Hause oder auf der Straße, alle Macht verlieren. Wenn ich jetzt an dich denke, kommt es mir vor, als hättest du immer nur eingeatmet und es nie gewagt, einmal, ein einziges Mal, auszuatmen.

Ihr armen Hascherln, sagte Babitschka, riß die Fenster in der Küche auf, als wolle sie für alle Zeit lüften, und fütterte Lore und mich mit Marmeladenbroten.

Achgott, achgott, seufzte Großmutter, überzog für uns die Betten und ließ die Rolläden herunter, als wolle sie den mißratenen Tag ausschließen.

Was wird werden? fragte sich Onkel Beppo und bemalte ein Elfenbeinblättchen. Er und ich waren, neben seinem gelegentlich erscheinenden Freund Waldhans, die einzigen männlichen Wesen unter einer Schar von Frauen, die, je näher der Krieg kam, desto selbstsicherer wurden, Wärme verströmten, ihre Männer vergaßen, die Kinder als ihresgleichen behandelten. Sie planten und verwarfen ihre Pläne. Sie zogen aus den Wohnungen in die Luftschutzkeller und machten sie bewohnbar mit Decken, Teppichen, Spiralkochern und immer schärferen Witzen, die niemanden mehr verschonten, den dicken Reichsmarschall ebensowenig wie den humpelnden Propagandaschreier oder den einst angebeteten Führer.

Ein paar Tage ist Brünn noch so, wie ich es kenne. Ich reise mit der Tram, drücke mich vor allem bei der Babitschka herum, vermeide es, mit Tante Manja zusammenzutreffen, die mich mit SchokaKola zurückzugewinnen versucht. Onkel Beppo ißt kaum mehr, lebt anscheinend von den Siegen der Roten Armee, füttert sich mit Namen von Schlachten und Gefechten, und Tante Lotte weiß nicht, ob sie demnächst Tschechin oder Deutsche sein soll.

Dann konzentrieren sich die über Ödenburg heranziehenden Bomber auf Brünn und treiben uns für zwei Wochen in die Keller. Die Besuche bei Babitschka und Tante Lotte fallen aus. Wir werden zu Höhlenmenschen. Unser Gehör nimmt jedes Geräusch wahr, während unsere Augen wenig zu sehen bekommen in dem schwachen Licht.

In wechselnder Besetzung werden sie nun gegenwärtig sein, Mitglieder einer Weiberfamilie, reizbar, listig Naturalien besorgend, stundenlang Patiencen legend, eigentümlich freizügig; Tante Käthe, die noch auf dem Flughafen arbeitet und immer neue Gerüchte einschleppt; Großmutter, die, auch wenn bei Detonationen der Luftminen Ziegel aus der Kellerdecke fallen, verbissen Staub wischt; Mutter, die von Schrecken zu Schrecken schöner wird; Frau Večera, Tante Tillys Mutter, die bei Angriffen königlich auf einer Kiste thront und sich darin übt, keine Miene zu verziehen; Tante Tilly, die unaufhörlich redet, vor ihrem Schminkkasten sitzt, die Wimpern tuscht, die Poren mit rosa Puder verstopft und das wirre Haar unter einem riesigen Turban verbirgt; Madame Longe, Großmutters Flurnachbarin, die in Gebeten Tschechisch, Deutsch und Französisch zu einer Sprache vermengt, aber sonst, wenn Ruhe herrscht, auf »tadellose« Umgangsformen Wert legt; Lore, die unter den Verrücktheiten der Großen mit ihrer Käthe-Kruse-Puppe spielt und von allen Frauen abwechselnd in Hut genommen wird, das Tschaperl, das Mäuserl, das Kind.

Wenn nur der Rudi hier wäre, sagt Großmutter.

Der könnte uns auch nicht helfen, sagt Mutter.

Aber Rudi! sagt Großmutter.

Ihr mit euerm Rudi, sagt Tante Tilly.

Ich laufe diesem Popanz davon, die Kellerstiege hinauf, bis mich die Explosionen aufhalten oder Mutters Geschrei: Bleib!

Ich bleibe.

Manchmal, in einer größeren Pause zwischen Alarm und Entwarnung, wird die Eisentür geöffnet, wir laufen hinaus in den Hintergarten, sehen nach, welche Häuser noch stehen, holen gierig Luft, und Großmutter wagt sich mit Frau Večera sogar nach oben, wo es inzwischen aussehen soll wie kurz vor oder kurz nach dem Jüngsten Gericht, kein Fenster mehr ganz und alles voller Staub und Steine, die Möbel gespickt mit Glas, aber immerhin funktionieren die Herde noch, und es läßt sich, wenn auch nur von heißhungrigen Verrückten, ein üppiges Essen zubereiten, zum Beispiel die kleine Ziege, Großmutters »Zickel«, das sie von weiß wem spendiert bekommen hat und das seit Tagen in der Speisekammer hängt und zu faulen beginnen könnte, wenn einem die Bomber nicht endlich eine Verschnauf- und Kochpause lassen.

Ich geh hinauf, das Zickel backen, erklärt Großmutter.

Das läßt du bleiben. Dich wegen einem Zickel in Gefahr bringen, sagt Tante Käthe.

Mir wirst du vorschreiben, was ich zu tun habe oder nicht!

So ist es!

So ist es nicht!

Wegen einem Zickel sein Leben aufs Spiel setzen!

Es gibt Dümmeres!

Ich bitt' euch, streitet nicht, sagt Tante Tilly. Worauf Frau Večera sich entschließt, Großmutter nach oben zu begleiten. Mit verdoppelter Arbeitskraft sei das Zickel rascher anzusetzen.

Ihr seid wahnsinnig.

Und wenn schon.

Rudi würde das nie zulassen, sagt Tante Käthe.

Großmutter schert sich nicht um ihn.

Madame Longe zieht es vor zu beten, nachdem sie sich, falls das Zickel tatsächlich gegart werden könne, eine Portion reserviert hat.

Großmutter und die alte Večera stürmen nach der nächsten Entwarnung hinauf, ein goldbraun gebratenes Zickel vor Augen.

Der nächste Alarm läßt so lange auf sich warten, daß die beiden in aller Ruhe das Zickel in die Kasserolle betten, mit Kräutern und saurer Milch einreiben können. Unterm Sirenengeheul zurückgekehrt, machen ihre Erzählungen uns den Mund wässrig, lassen uns vergessen, daß der Keller unser Grab werden könnte, und sogar Madame Longe unterbricht für eine Weile ihr dreisprachiges Gemurmel.

Gut wird's werden.

Zart wird's werden.

Ein solches Zickel ist eine Delikatesse.

Aber auf die lüsternen Schnalzer folgt Schweigen. Die

Einschläge kommen dem Haus näher. Dennoch bleibt uns die Bratzeit im Kopf. Die läuft ab, ohne daß es eine Aussicht auf Entwarnung gäbe.

Herrgott, betet Madame Longe, mon Dieu.

Dieses Mal ist anzunehmen, sie meint weniger ihr Leben als den Bestand des Bratens.

Wenn uns das Zickel nur nicht zu schwarz wird, sagt Großmutter leise.

Ihre Helferin, Frau Večera, versucht sie zu beruhigen: Schön braun soll es ja werden.

Aber schwarz nicht, insistiert Großmutter.

Nein, schwarz nicht.

Also, sagt Großmutter. Sie steht auf, geht in dem Kellerverschlag hin und her.

Schad wär's!

Nicht auszudenken!

Sie hebt den Kopf zur Decke, lauscht nach oben, scheint abzuwägen, wie nah oder wie fern die Bomber sind, gibt sich einen Ruck, ist schon unterwegs, ruft: Das Zickel ist es mir wert! Frau Večera, die den jähen Anlauf vermutet hat, bleibt ihr auf den Fersen.

Mutter, schreit Tante Käthe, ich bitte dich!

Madame Longe schüttelt den Kopf, es fragt sich, ob zustimmend oder mißbilligend, während Tante Tillys Augen zu leuchten beginnen: Das ist verrückt. Das soll uns einer glauben! Wegen eines Zickels!

Das Getöse draußen nahm eher noch zu.

Stimmt es, belüst mich mein Gedächtnis nicht, wenn ich den beiden Köchinnen einen würzigen Geruch vorauseilen lasse, sie und ihren Braten betörend ankündigend? Es muß so gewesen sein, denn ich erinnere mich weniger an den Braten als an seinen Duft.

Großmutter trägt die große Kasserolle wie ein Tabernakel. Wir müssen gleich essen, sagt sie, sofort essen, ich bitt euch, räumt alles zur Seite, wir nehmen die große Truhe als Tisch, aber nicht einfach so, das wäre kein Festessen, wie es sein soll, wenn ich mich nicht täusche, findet ihr in der Truhe Tischtücher, ein weißes bitte, ihr solltet auf jeden Fall ein weißes nehmen – duftet er nicht herrlich, der Braten, wunderbar, nicht wahr, wir hätten nicht einen Augenblick länger warten dürfen, und das Zickel wär uns verkohlt, was nicht auszudenken wäre, wirklich nicht, hat man schon einmal solch eine Delikatesse, also ich bitte euch, deckt den Tisch!

Es muß ausgezeichnet geschmeckt haben, denn Großmutter würdigte das Mahl mit einem Stoßseufzer, den ich erwartet hatte: Wenn Rudi das wüßte, Gott, würde ich ihm den Braten gönnen.

Sie streichelten jede Aufsässigkeit aus mir heraus, Vater, erlaubten mir nicht, den zukünftigen Führer zu spielen, sie machten meine Uniform, die ich ständig trug, lächerlich, fanden nur, der Stoff sei strapazierfähiger als alle andern, also solle ich sie ewig anbehalten. Sie duckten mich und ich gab ihnen nach.

Lieber Himmel, was sitzen wir hier herum. Wenn die Russen kommen, ist es zu spät.

Frau Večera bot eine vorläufige Zuflucht an. In Mährisch-Trübau habe ihre Schwester einen Bauernhof, ein schönes Anwesen. Sie wiederholte, als werfe sie einen Köder aus: ein schönes Anwesen. Ein schönes Anwesen, auf das wir uns erst einmal flüchten könnten, alle miteinander, bis sich die Situation geklärt habe.

Am nächsten Tag saßen wir im Zug, unterwegs nach Norden, der, wie es sich ergab, viel mehr gefährdet war als Brünn, noch eher von der Roten Armee besetzt wurde.

Tante Käthe brachte die Botschaft von unserer Expedition, die niemand Flucht nannte, zur Babitschka, zu Tante Lotte, da »die Tschechen«, so war die Meinung, nichts zu befürchten hatten, und kam mit einer Einkaufstasche voller Proviant zurück. Auch mit der beruhigenden Auskunft, daß Rudi, sollte er unversehens auftauchen, empfangen, unterrichtet und weitergeschickt werde.

Wir sind tagelang unterwegs. Ich bin mir im Zeitablauf nicht mehr sicher, habe keine Empfindung für den Jungen im Frauentross; der kümmert dahin, rührt sich nicht, hat nichts mehr gemein mit dem rotzigen Nestflüchter, der er gerade noch war. Er läuft mit und will nichts wissen. Er ißt, wenn es etwas gibt, döst oder schläft. Nur wenn sie sich Rudi herrufen, zieht er sich zusammen, hält sich die Ohren zu oder kichert, was die Frauen für einen Frevel halten.

Das Gut ist, wie versprochen, groß, besteht aus mehreren Gebäuden, die an einem kleinen See liegen – nur gleicht es einem Heerlager: überall haben sich Menschen niedergelassen, am Seeufer, auf dem Hof, in den Hausgängen, Ställen, Scheunen und Stuben.

So hab ich mir das nicht vorgestellt, sagt Frau Večera. Wahrscheinlich hat sich meine Schwester dieser Menschen nicht erwehren können.

Immerhin setzt sie es durch, daß wir mit zwanzig andern auf dem Dachboden hausen dürfen. Kalt bleibt es trotzdem, aus dem Frösteln werden wir nicht mehr herauskommen.

Jemand kommt und setzt einen Trog mit Kartoffeln und Heringen in Tomatensoße in unsere Mitte. Wir fallen darüber her, essen und essen, bis alle zu kotzen beginnen, auf die Diele und die Dachluken hinaus, der Gestank überhand nimmt, Frau Večera überlegt, wie wir, wer weiß wohin, umsiedeln könnten, und Tante Tilly sich in einen Duftschleier hüllt, der, wie Großmutter findet, den Gestank eher noch verstärkt. Sie streiten fortwährend.

Manchmal kommen Soldaten durch und hinterlassen Hiobsbotschaften.

Frau Večera führt uns Kinder ins Freie, umkreist mit uns den See, und wirft, ohne jede Erklärung, ihr Mutterkreuz ins Wasser.

Endlich läßt sich auch ihre Schwester sehen, doch bloß um sich zu verabschieden. Es sei an der Zeit, den Hof zu verlassen. Wenn wir wollten, könnten wir uns dem Treck anschließen.

Nein, sagt Großmutter.

Nein, sagt Tante Käthe.

Warum nicht? fragt Tante Tilly.

Wegen Rudi, erklärt Großmutter.

Was hat dieses Tohuwabohu mit eurem Rudi zu tun?

Er muß uns finden. Er muß wissen, wo wir sind.

Und wißt ihr, wo er ist?

Ich nehme an, in Mährisch-Weißkirchen.

Soviel ich weiß, sind in Mährisch-Weißkirchen schon die Russen.

Nein, sagt Großmutter. Sie könnte auch sagen: Wo unser Rudi ist, dürfen die Russen nicht sein.

Das ist ja lachhaft, sagt Frau Večera.

Bitte, antwortet ihr Großmutter.

Vielleicht hat Großmutters Renitenz zur Folge, daß die Frauen sich entschließen, nach Brünn zurückzukehren, wo sie sich, nach tagelanger Fahrt, erneut im Keller einrichten, den sie nun »das Provisorium« nennen; sie kochen und waschen im Gang zwischen den Holzkäfigen, genießen die Bomben-Pausen im Garten, und ich kann mir nicht vorstellen, daß sich unser Höhlenleben je wieder ändert.

Dafür sorgt Mutter, die sich berechnend in einen Weinkrampf stürzt, sich nicht trösten läßt, die Ratlosigkeit aller ausnützt, sie könne nicht länger in solchen Zuständen vegetieren, sie werde nach Hause fahren, nach Olmütz.

Es ist klar, daß sie für verrückt erklärt wird.

Jeder, der einen Beschluß faßt, kann nur verrückt sein.

Immerhin teilen Großmutter und Tante Käthe die Verrücktheit und schließen sich uns an.

Von Frau Večera und Tante Tilly nehmen wir Abschied.

Von Tante Lotte und Onkel Beppo.

Von Babitschka, Tante Manja und Tante Čenka.

Es ist, als gingen wir durch die Luft.

Seid leise, befiehlt Mutter, obwohl alles um uns herum brüllt.

Sagt dem Onkel Beppo Auf Wiedersehn, befiehlt sie, obwohl der sich anschickt zu sterben.

Die Babitschka wartet auf uns in einer leeren, aufgeräumten Küche und sagt kein Wort.

Tante Manja versteckt sich hinter der Tür und weint.

Es fragt sich, ob noch Züge fahren, sagt Tante Lotte. Sie könnte auch sagen: Es fragt sich, ob der Mond je wieder aufgehen wird.


Mein Vater wurde am 23. Februar 1943 zur Wehrmacht eingezogen. Bis in den April 1945 blieb er bei ein und derselben Einheit als Schreiber. Er hat, nach einer kurzen Grundausbildung, nie eine Waffe in der Hand gehabt. Im Dezember 1943 wurde er zum Gefreiten befördert. In diesem Rang entließ er sich selbst am 9. Mai 1945. Er war zwei Jahre Soldat. Wenn ich die Zeit, in der er abwesend war, beschreibe, verwirrt sie sich. Es gibt kein Nacheinander, nur ein Neben- oder Übereinander von Ereignissen und Erlebnissen. Erst Vaters Rückkehr setzt den Tag wieder hinter den Tag, ordnet die Zeit wieder.

Wir sind wie Fremde in die Wohnung geschlichen, als hätten wir sie durch den überstürzten Aufbruch vor Wochen aufgegeben. Im Wohnzimmer und in Mutters Stube hatten die Frauen Stühle, Sessel und Sofa mit Leintüchtern zugedeckt. Ich dachte, es sind lauter gestorbene Möbel. Mutter riß die Laken weg, warf sich auf ihr Sofa und sagte: Jetzt sind wir wieder zu Hause. Von hier bringt mich kein Mensch mehr weg.

Ich bin müde, doch ich will nicht zu Bett gehen, will bei den andern bleiben, denn sie könnten verschwinden und ich fürchte mich, alleingelassen zu werden.

Großmutter beginnt zu weinen: Es hat alles keinen Zweck mehr, sagt sie. Von Rudi spricht sie aber nicht. Vielleicht traut sie sich nicht mehr, ihn zu nennen.

Tante Käthe verteilt Brote. Wir essen aus dem Papier.

Eigentlich sind wir nicht daheim. In den meisten Zimmern brennt kein Licht. Mutter hatte, ehe wir fortgingen, die Birnen losgeschraubt.

Nach einer Weile sagt Mutter: Den Kachelofen hier sollten wir heizen. Wenigstens in einem Zimmer muß es warm sein.

Ich habe nicht gemerkt, wie kalt es ist.

Es ist scheußlich kalt, sagt Großmutter.

Lore sitzt steif auf einem Stuhl mir gegenüber. Sie hält ihre Puppe auf dem Schoß. Sie hat einen nach dem andern angesehen. Manchmal streichelt sie ihre Puppe über den Kopf. Sie will nicht essen, sie will nicht schlafen.

Schon gut, sagt Mutter, es stimmt ohnehin nichts mehr. Was sollen wir schlafen, wenn wir müd sind, was sollen wir essen, wenn wir hungrig sind. Es ist egal.

Ich denke: Vielleicht fängt Mutter an zu heulen oder zu schreien. Oder sie rennt aus dem Zimmer und schlägt die Tür hinter sich zu.

Sie wartet aber wie wir andern. Worauf wartet sie? Daß Großmutter doch schlafen geht? Daß Lore übermüdet vom Stuhl fällt? Daß Tante Käthe als erste durchdreht? Daß das Zimmer von allein warm wird? Daß der Krieg aufhört?

Plötzlich sagt Lore: Der Vati kommt.

Sie hat es gesagt, mit kleiner piepsender Stimme.

Alle schauen sie an, wissen nicht, wie sie die drei Wörter verstehen sollen, als Narretei oder kindliche Gemeinheit. Es klingelt an der Wohnungstür. Niemand wagt aufzustehen. Erst als es zum zweiten Mal und sehr ungeduldig läutet, springt Mutter auf, rennt durch den Korridor, durch den dunklen Vorsaal. Wir hören sie rufen.

Es ist Vater. Er tritt, hinter Mutter, über die Schwelle, lächelnd. Er ist abgemagert. Die schlotternde Uniform läßt ihn noch heiterer und verwegener erscheinen.

Ein Wunder! ruft Großmutter. Es ist gar nicht auszudenken, wenn du vor uns gekommen wärst. Hättest du gewartet? Hättest du mit den Brünnern telefoniert? Wieso kommst du überhaupt? Hast du Urlaub? Bist du auf Dienstreise?

Ich sehe Lore auf dem Stuhl sitzen, eine Puppe mit einer Puppe, ich frage mich, was mit ihr geschehen war, welche Botschaft ihren Kopf erreicht hatte, ob es nur Zufall gewesen war oder ob sie, auf die niemand achtete, mehr spürte, hörte und sah als wir, Schritte vorausahnte, Nähe vorfühlte.

Aber ich sehe sie schon nicht mehr, Vater hebt sie hoch, zieht sie an sich, behält sie auf dem Arm, kommt auf mich zu, und ich glaube, ich muß aufstehen, ich stehe auf, sehe die Metallknöpfe an der Uniformjacke, warte, daß er mich anfaßt, aber er sagt nur: Nun, du Lauser, und läßt mich stehen, bis ich im Stehen einschlafe und wieder aufwache, Lore anscheinend doch zu Bett gebracht worden ist, Vater und die drei Frauen eng um den Couchtisch sitzen, als sähen sie Großmutter bei einer schwierigen Patience zu.

Es ist alles noch gepackt, höre ich Mutter sagen, mehr brauchen wir nicht. Wir können die Koffer mit dem Leiterwagen zum Bahnhof bringen.

Es wird mir nicht klar, wann wir von neuem aufbrechen werden. Ich will es auch nicht wissen.

Es hat keinen Zweck mehr, den Jungen noch ins Bett zu schicken, sagt Vater.

Wir haben also nicht mehr viel Zeit. Die Frauen stehen auf und werfen wieder die Tücher über die Möbel.

Ich schlage mit der Faust gegen die Tür zum Speisezimmer, die von nun an geschlossen bleiben wird, ein Raum, den ich nie mehr betreten werde.

Bist du verrückt?

Benimm dich! Geh hinunter und hilf Tante Käthe den Leiterwagen zu beladen.

Gleich?

Ja. Der Zug fährt in einer Stunde.

Tante Käthe jongliert mit Koffern, Deckenbündeln und Kartons.

Komm, hilf!

Ich kann ihr nicht helfen. Der Leiterwagen faßt die Ladung nicht.

Aber das ist doch nur das Nötigste, sagt sie.

Wir sind erst am Anfang. Wir werden uns immer wieder vom Nötigsten trennen, um nur das Allernötigste weiterzuschleppen.

Um Tante Käthe zu beschwichtigen, fange ich an umzuladen.

Laß es, ich bitte dich, ich habe mir solche Mühe gegeben.

Erst jetzt merke ich, daß wir flüstern, daß auch die andern, die aus der Passage treten, wie auf Zehenspitzen gehen. Wir stehlen uns davon. Niemand soll es merken. Wir sind nie hier gewesen.

Vater faßt nach einem Karton, der vom Leiterwagen zu fallen droht, öffnet ihn, sagt, den Kopf schüttelnd: Also Glühbirnen brauchen wir unterwegs wirklich nicht, gibt mir die Schachtel, ich solle sie an der Hauswand abstellen, aber ich will Krach schlagen, nicht länger leisetreten. Ich nehme eine Birne, schmettere sie mit aller Kraft auf die Straße. Es gibt einen hellen Knall, eine kleine Detonation, die vielfach widerhallt. Alle ziehen erschrocken den Kopf ein; ich nicht. Ich fühle mich befreit. Am liebsten würde ich auch die übrigen Glühbirnen als Abschiedsgranaten auf das Straßenpflaster werfen.

Ich höre mich lachen.

Ich höre Mutter sagen: Das mußte ja noch sein.

Seine Hand faßt mich im Nacken, die Finger drücken hart zu. Wortlos schiebt er mich vor sich her, auf den Leiterwagen zu, drückt mir die Deichsel in die Hand, läßt mich los, stößt mich nach vorn.

Mutter hilft mir beim Ziehen.

Ich habe nicht erfinden wollen, darum kommen die Geschichten auf mich zu. Du warst weit weg, Vater, jetzt nähern wir uns einander. Wir teilen nicht mehr lange unsere Zeit, vier oder fünf Wochen. Ich bin vierunddreißig Jahre von mir und von dir entfernt. Nicht nur das: ich empfinde, je weniger Zeit uns bleibt, um so stärker deine Nähe. Ich fange an, deine Hand im Nacken, dich zu verstehen, zu lieben. Ich bin soweit, daß ich dich von nun an mit jedem Satz zu mir heranholen möchte.

Der Zug war, wie alle Züge, mit denen wir in den vergangenen Wochen umherreisten, überfüllt. Sitzplätze mußten erobert werden. Tante Käthe und Mutter hatten darin Übung, gebrauchten, manchmal kunstvoll Schmerzensschreie ausstoßend, die Ellenbogen, warfen Bündel und Taschen gezielt voraus, und nahmen auf diese Weise ein Abteil in Beschlag, aus dem sie den Offizier, der noch tüchtiger war als sie, vertrieben, indem sie ihn mit Gepäckstücken einmauerten, sich wie die Vorhut einer unübersehbaren Schar von Passagieren aufspielten.

Ihre Aufregung legte sich lange nicht, bis Mutter endlich Vater fragte, weshalb er so überraschend zurückgekommen sei. Wir erfuhren, daß seine Einheit schon seit einiger Zeit in Döllersheim in Niederösterreich liege, nahe bei Zwettl, von wo wir Marillen geschickt bekommen hätten, von Neunteufels. Bei denen wolle er uns unterbringen. Er sei, mit seinem Hauptmann, nach Mährisch-Weißkirchen gereist, um Teile der Registratur zu holen, sie sei aber von Voreiligen vernichtet worden und auf diese Weise habe er Zeit für den Umweg über Olmütz gewonnen. Jetzt erst stellten die Frauen das Wunder in Frage: Wir hätten ja noch in Mährisch-Trübau sein können, oder überhaupt an einem unbekannten Ort, wärst du dann nach Brünn und hättest dort erfahren, daß –?

Brünn war ein ungutes Stichwort. Es hielt sie auf, führte sie zurück. Vater fragte mehr sich als Mutter, ob es nicht sinnvoll sei, die Reise wenigstens für einen halben Tag in Brünn zu unterbrechen.

Mutter sagte schroff: Wer weiß, ob morgen noch Züge fahren. Du willst uns in Sicherheit bringen, also tu es. Die Brünner können für sich selber sorgen, besser als wir.

Sie sagt ein wenig abweisend »die Brünner«. Ich denke: Eigentlich meint sie nur Tante Manja.

Vater gab nach. Während der Zug, sehr lange, auf dem Brünner Bahnhof hielt, stand er am Fenster. Ich sah auf seinen müden, gebeugten Rücken und war froh, daß Mutter ihn überredet hatte, sich sein Verrat nicht wiederholte, er bei uns bleiben mußte.

Die Reise nach Zwettl dauerte eine Woche. Sie führte über Deutsch-Brod, Kolin nach Prag, wo wir zwei Tage auf einen Anschlußzug warteten, dann weiter über Budweis, Tabor, Gmund, Horn nach Zwettl. Sie führte durch die Auflösung des Hitlerschen Reiches.

Manchmal wartete der Zug auf Abstellgleisen auf eine neue Lokomotive. Ich sprang aus dem Wagen, streunte. Versprengte oder desertierte Soldaten bandelten mit Frauen an oder feilschten um Zivilkleider. Andere standen und warteten auf die Suppe aus der Gulaschkanone. Rotkreuzschwestern schoben fluchend nach ihrem Waggon suchende Alte vor sich her. Es kam mir vor, als hätten sich alle an einer entstellenden Krankheit angesteckt.

Bei den häufigen Angriffen und Tieffliegern wurde die Gemeinheit handgreiflich. Den sichersten Schutz hinter den eisernen Rädern eroberten sich die Stärksten, die nach den Schwächeren traten und sie schonungslos in die Kugelspur stießen.

Mein Vater sah all dem ruhig und traurig zu, achtete darauf, daß wir zusammenblieben, kümmerte sich vor allem um Großmutter und wenn die Feldgendarme kontrollierten, die meisten Soldaten verschwanden, blieb er ungerührt, da er eine gültige Fahrgenehmigung hatte und ihm niemand vorwerfen konnte, daß auf der vorgeschriebenen Strecke seine Familie mitreiste.

In Prag habe ich dich zum ersten Mal nicht nur als Vater gesehen. Nicht jemand, der kommt, geht, abfragt, befiehlt, verbietet, schweigt oder dessen Hand sich um meinen Nacken legt. Ein anderer, einer, der sich mit jedem Schritt verändert, Gewicht verliert, erleichtert ist, der hofft, noch einmal anfangen zu können und es die nächsten Tage auch aussprechen wird, immer wieder: Bald ist der Spuk vorbei und ich kann von vorn beginnen. Irgendwo, vielleicht in Wien oder Dresden.

Wir müssen warten, sagt er. In Prag läßt es sich aushalten. Die »vier Frauen« sind im Café am Wenzelsplatz zurückgeblieben. Er führt mich durch die Stadt, erzählt von seiner Studienzeit, vom Fenstersturz, vom Kaiser Maximilian, von der Karls-Universität, vom Hradschin. Er sagt: Mit Lilian Harvey habe ich auf einen Studentenball Walzer getanzt. Sie hatte eine Taille, die konnte ich mit meinen Händen umspannen. Er sagt Sätze, die er sonst nie sagt. Ich schaue an ihm hoch. Sein Gesicht unter dem schwarzen, straff nach hinten gekämmten Haar ist abgemagert. Jetzt lacht er. Jetzt geht er rascher vor mir her, nicht mehr so schwerfällig, sondern mit kürzeren und entschlosseneren Schritten. Er ist groß, größer als ich je werde. Er wendet den Kopf und sagt: Beeil dich, die Frauen werden schon ungeduldig sein. So für sich, ohne daß er beengt oder behelligt war, habe ich ihn nur dieses eine Mal erlebt.

Wir hatten in einem Hotel übernachten wollen. Die kurze Auseinandersetzung mit dem Kellner stimmte Vater um: Das Café war überfüllt, die Frauen waren schon beunruhigt. So lange hätten wir nicht wegbleiben sollen. Sie hätten sich Sorgen gemacht. Wir setzten uns zu ihnen. Ich mußte mit Lore einen Stuhl teilen. Vater bestellte sich ein Bier, mir ein Kracherl. Alle Gäste unterhielten sich sehr laut, sie schrien beinahe. Es war das Geschrei eines Krähenschwarms vorm Aufbruch. Vater winkte dem Kellner, der uns die Getränke gebracht hatte. Ich beobachtete, daß sie stritten, der Kellner die Schulter hochzog, lächelte, den Kopf schüttelte, eine abweisende Geste machte, während Vater angespannt in seinem Portemonnaie suchte, Mutter ebenfalls die Geldbörse aus der Tasche holte und dem Kellner einen Schein gab. Hinter dem wütenden Vater verließen wir das Lokal. Draußen blieb er stehen, setzte die Koffer ab, sagte: Es ist bald aus. Das war ein Zeichen.

Ich verstand ihn nicht, traute mich aber nicht zu fragen. Großmutter tat es für mich. Was war eigentlich los mit dem Kerl?

Er hat sich geweigert, Reichsmark anzunehmen. Nur Kronen seien noch gültig.

Das kann ja nicht möglich sein.

Doch Mutter. Er ist Tscheche und ich sitze da in dieser Uniform –

Es war nicht die richtige Antwort für mich: Wie konnte er, ein deutscher Soldat, einem Tschechen nachgeben.

Ich nahm nur noch Ausschnitte wahr, ohne sie zu verstehen: ein alter Mann, der inmitten der Menschenmenge auf dem Bahnhof auf eine junge Frau einschlug, nicht aufhörte, bis irgend jemand, dem es zuviel wurde, ihn wegriß und der Mann weinend zusammensank; ein Baby, das hoch oben auf einem Bündelberg lag und mit seinen Händen spielte; ein sehr junger Soldat, der auf dem Steinboden schlief und dessen Beine zuckten, als laufe er im Traum seinen Verfolgern weg; ein SS-Offizier, der lässig an der Wand lehnte, eine Zigarette nach der andern rauchte und grinsend, als vergnüge er sich an dem Elend, die Wartenden taxierte. Seine gleichgültige Kälte forderte mich heraus. Um ihn auf mich aufmerksam zu machen, strich ich um ihn herum.

Na Pimpf, wohin geht die Reise?

Ich brachte kein Wort über die Lippen, blieb vor ihm stehen, worauf er mir eine Zigarette anbot. Wieder schüttelte ich nur stumm den Kopf.

Dir hat's wohl die Sprache verschlagen, Kamerad?

Nein, sagte ich.

Bist du im Auftrag unterwegs?

Nein.

Der da drüben ist wohl dein Vater?

Ja.

Alle seine Fragen hörten sich verächtlich an. Er erschien mir streng wie seine Uniform; aber er glühte auch, und das gefiel mir.

Hast du Angst? fragte er.

Vor wem?

Vor den Russen, vor den Amerikanern?

Nein, sagte ich, bestimmt nicht.

Gut. Er zündete sich an der noch brennenden Kippe eine neue Zigarette an.

Ich habe auch keine, längst keine mehr. Ich bin Belgier, erklärte er, kein Deutscher, doch in der Uniform bin ich ein Deutscher, so einer wie diese da, nur besser, sage ich dir, wenn ich dieses Gesocks anschaue, diese kopflose Menge, ich sage dir –

Er faßte mich am Arm und hielt mich fest.

Glaubst du an den Führer, Pimpf?

Ja, sagte ich. Ich dachte an die Morgenappelle in Prerau, wo wir in einem Kreis um die Fahne standen und schwuren: Wir glauben an Adolf Hitler, unseren Führer. Er beugte sich ein wenig zu mir. Er sprach nicht laut, so, als wolle er mich ins Vertrauen ziehen. Du glaubst an ihn, Kamerad. Ich glaube an ihn. Aber dieser Mob da ist schon dabei, ihn zu verraten. Er ist für mich wie ein Feuer, verstehst du, er hat mich befreit, er hat mir Kraft gegeben, verstehst du, er hat mich aus dem Dreck geholt, dem wallonischen Dreck und ich bin Léon Degrelle gefolgt, um Adolf Hitler zu dienen, verstehst du, ich bin nicht irgendeiner, ich bin auserwählt, ich bin die Garde, und wenn alles in Scherben fällt, werden wir überstehn, Scheiße, verstehst du, aber der Führer will uns nur prüfen, will uns nur in Versuchung führen, das ist alles, denn ich weiß, daß er mit neuen Waffen zuschlagen kann, stärkere, als es die V-2 ist, verstehst du, Raketen, die Länder und Städte zerschmettern können, er hat sie, der Führer, er wartet nur, um unserer Feigheit und unserem Mut zuzusehen, er läßt die Feinde in die Falle laufen, verstehst du, Kamerad, so ist die Lage, und ich bin einer der wenigen, der Bescheid weiß, der es dir sagen kann, weil du ein guter Junge bist und an den Führer glaubst, nicht abhaust wie diese da – er hatte sich wieder aufgerichtet, meinen Arm losgelassen und zeigte angewidert auf das Gewühl. Ich werde kämpfen, sage ich dir.

Und warum sind Sie hier auf dem Bahnhof? fragte ich. Warten Sie auf jemanden?

Ich weiß nicht, antwortete er; er stieß mich vor die Brust und sagte: Hau bloß ab, Pimpf, verschwind bloß aus meinem Gesichtsfeld!

Was hat er von dir gewollt? fragte Vater. Ich erzählte ihm, was ich gehört hatte; es gelang mir nicht, den Eifer und den Haß wiederzugeben.

Vater und ich saßen uns auf Koffern gegenüber. Er blickte zu dem Offizier hinüber:

Er ist ein Narr.

Soll ich es ihm sagen, daß er ein Narr ist? rief ich.

Ich bitte dich, sprich leiser.

Du hast doch bloß Angst vor ihm.

Sicher.

Er könnte dich festnehmen.

Ja. Das könnte er. Vaters Traurigkeit brachte mich durcheinander.

Und dann? fragte ich.

Vater sah mich nicht an. Vielleicht hat der Führer noch Wunderwaffen. Ich weiß es nicht. Aber es kann genausogut sein, daß dieser Mensch sie sich in seiner Verzweiflung nur einredet, daß er auf sie hofft, weil er sonst keine Hoffnung mehr hat. Ich würde gerne sagen wollen, er sei ein armer Kerl. Aber ich kann es nicht. Es sind Mörder.

Nein, das ist nicht wahr.

Du mußt es nicht glauben.

Er ist ein Held.

Wenn Helden so sind, sagte Vater leise und stand auf, dann bin ich froh, kein Held sein zu können, sondern ein Feigling, wie du immer denkst.

Du hättest mich nach diesem Wortwechsel in Ruhe lassen sollen, Vater. Aber, wie so oft, wurde dein Schweigen tätlich. Auch damals, auf dem Prager Bahnhof. Du hieltest mich nicht zurück, als ich meine Wanderungen zwischen Menschen und Gepäckbergen wieder aufnahm. Irgendwann bist du mir dann gefolgt. Du packtest mich, zogst mich an dich, rissest an meiner Uniform, am Ärmel. Ich begriff erst, als du das runde Stück Stoff mit dem Winkel in der Hand zerknäultest. Es war so, als hättest du mir ein Stück Fleisch ausgerissen.

Jetzt ist Schluß mit dem Soldatenspiel, hörst du!

Er stieß mich vor sich her, achtete nicht auf die Leute, die meiner Degradierung zugeschaut hatten. Wir drängten uns in den überfüllten Zug, hockten auf Koffern im Gang. Mir war kalt. Ich dachte, ich will überhaupt sterben. Ich will diesen Vater nicht haben. Ich hau ab. Erst Stunden später konnte ich heulen. Ich gab keinen Ton von mir, aber ich dachte nicht daran, mir die Tränen aus dem Gesicht zu wischen. Ich schlief ein und ich wachte daran auf, daß Vater mich unter den Armen faßte und mich hochzog. Du bist nicht wachzubekommen, sagte er. Er lächelte nah vor meinem Gesicht.

Über die Zeit in Zwettl habe ich schon einmal geschrieben, jedoch um mich zu entdecken, den Zwölfjährigen; nicht dich. Ich bin dir ausgewichen. Und als ich vor neun Jahren zum zweiten Mal nach Zwettl reiste, unterhielt ich mich über einen Toten, jemanden, der, weil er mein Gedächtnis beunruhigte, vergangen sein sollte, fortgegangen wie im Juni 1945. Dieses Mal gehe ich dir nach, achte ich nur auf dich. Wir beginnen eine Geschichte, die gleich wieder zu Ende ist. Am 1. Mai kommen wir in Zwettl an. Anfang Juni gehst du in Gefangenschaft. Wir haben vier Wochen füreinander. Ich schreibe nieder, was du nicht wissen konntest. Du bist nie so heiter gewesen, hattest die Vergangenheit für dich gestrichen. Die Zukunft, die du uns ausmaltest, nahmst du mit dir. Sie endete im Gefangenenlager Döllersheim.

Er wartete an der Kreuzung auf uns, stand, zwischen zwei Koffern, riesig und hager, wedelte mit den Armen. Er bot das Bild eines närrischen, aber auch glücklichen Reisenden. Nun war er endgültig nicht mehr der schwere, düstere Mann im Zweireiher oder in Uniform, der sich immer Entfernende.

Beeilt euch, rief er, wir sind gleich am Ziel. Da unten an der Straße liegt der Neunteufelsche Gasthof.

Wir müssen um die Mittagszeit angekommen sein. Es war heiß, die Landstraße, die herab zur Dreifaltigkeitssäule und zur Kirche führt, war leer von Menschen, Autos und Schatten. Auf den ersten Blick wirkte Zwettl, die Zuflucht, verlassen und öd.

Er geht uns voran. Die Koffer haben ihr Gewicht verloren. Tante Käthe beschwert sich, keucht: Mutter kann nun wirklich nicht rennen.

Das kleine Stückchen, sagt Vater. Er setzt hinzu, als erwarte er einen Empfang ohnegleichen: Wartet nur ab!

Seine Laune entsprach der Turbulenz, in die wir gerieten, ohne aufatmen zu können. Es war ein wunderbares Drunter und Drüber. Man befreite sich selbst, löste in einem Wirtshaus das Reich auf. Hitler war am 30. April »gefallen«. Den meisten war es gleich, ob er sich nun mit Eva Braun umgebracht oder im Kampf von einer Kugel getroffen worden war. Mir nicht. Ich wehrte mich gegen den Zynismus, gegen die allgemeine Erleichterung. Der Führer konnte sich nicht einfach davongestohlen haben.

Wochenlang träumte ich von ihm: Er hatte sich mit einer Handvoll Hitlerjungen in einem Graben verschanzt. Im Hintergrund erkannte ich stets einen weißen tempelähnlichen Bau, zum Teil von Einschlägen verwüstet. Der Himmel hing tief und pechschwarz darüber. In Wellen stürmte der Feind gegen die klägliche Stellung an. Die Angreifer glichen, was mich noch im Traum verblüffte, nicht den Rotarmisten, die ich von Fotografien kannte, sondern verwilderten Zivilisten. Sie kamen nicht auf Panzern, sondern auf Pferden oder schoben mit Schutt beladene Pritschenwagen vor sich her. Eine Reihe nach der andern sank nieder. Nach jedem Sieg gratulierte Hitler den Jungen, zog aus der Tasche seines langen Ledermantels glänzende Orden oder die runden SchokaKola-Dosen, die er in seiner Freude einfach in die Luft warf. Es gelang mir nicht, eine dieser Gaben zu schnappen. Immer waren die andern schneller.

Mein Vater hatte den jungen Neunteufel in seiner Kompanie kennengelernt. Offenbar faßte der Jüngere Zutrauen, erzählte viel von Zuhause, von der Gastwirtschaft an der Landstraße in Zwettl, und ein erstes Ergebnis dieser Freundschaft waren kleine, mit Marillen gefüllte Spankörbchen, die uns in Olmütz überraschten. Als die Kompanie nach Döllersheim befohlen wurde, lag es für meinen Vater nahe, uns, wenn sich die Gelegenheit bot, nach Zwettl zu holen und bei Neunteufels einzuquartieren. Zu dieser Zeit nahm er noch an, die Amerikaner würden vor den Russen die Stadt erreichen. Als die Rote Armee schneller vordrang, entschloß er sich, nicht noch einmal und ohne Ziel zu flüchten, sondern zu bleiben und abzuwarten. Schlimmer konnte unsere Lage kaum werden; doch wir hatten ein Dach über dem Kopf.
Das weitläufige Neunteufelsche Anwesen – das Wirtshaus an der Landstraße mit der kühlen Torein-

fahrt zum Innenhof, der von Stallungen, Scheune und einem weiteren Wohntrakt gesäumt wurde, einem einstöckigen Bau mit einem hölzernen Umgang, einer Pawlatschen – war allerdings von Soldaten und Flüchtlingen besetzt. Es blieb uns nichts als ein ehemaliges Büro an der Pawlatschen, eine triste Stube, in der drei Schreibtische standen, die, zusammengerückt, uns monatelang als Schlafstätte dienten. Nur Großmutter hatte in der winzigen Wohnung nebenan, in der zwei alte Frauen ihrem Ende entgegendämmerten, ein »richtiges« Bett. Tagsüber bewohnten wir die Pawlatschen, den Hof und die Wirtsstube.

Kurz nachdem wir angekommen waren, richtete sich der Kompaniestab in der Neunteufelschen Gaststätte ein. Die deutschen Truppen zogen in einer nicht endenden Kolonne durch Zwettl, nach Westen, den Amerikanern entgegen. Viele Soldaten hatten ihre Waffen fortgeworfen, die Offiziere glichen sich dem gemeinen Landser an. Das Frühjahr war heiß, der Staub die einzige Fahne, die über dem erbärmlichen Zug wehte.

Immer bin ich dir fortgelaufen, Vater, nun laufe ich dir nach. Ehe du uns verlorengingst, habe ich dich drei Mal erreicht.

Die Gaststube ist überfüllt, Soldaten drängen sich, sitzen an den Tischen, trinken Bier, stehen herum. Dem nicht eingeweihten Gast darf nichts auffallen, denn in einem Eck, an den Fenstern zur Straße, ist eine Schreibstube eingerichtet worden, in der Vater zu meinem Stolz uneingeschränkter Herr ist, selbst sein Hauptmann nur helfen darf.

Auf einer alten Schreibmaschine tippt Mutter zwei Tage lang Entlassungsscheine, die Vater danach ausfüllt. Er entläßt nicht nur Kameraden aus der eigenen Kompanie. Die Aktion spricht sich herum. Immer wieder treten neue in die Gaststube, werden mißtrauisch gemustert, schauen argwöhnisch in die Runde, bis einer von Vaters Helfern sie auszufragen beginnt und sie schließlich zum Entlassungstisch schickt.

Am meisten gefürchtet sind Feldgendarmen oder SS-Männer. In der Einfahrt stehen deshalb zwei Mann Wache. Sie sollen, wenn eine Streife auftaucht, warnen. Zum Vergnügen aller hatte man den Ernstfall geübt und es war Mutter in wenigen Sekunden gelungen, die Schreibmaschine und die ganzen Papiere in einer Reisetasche verschwinden zu lassen.

Am ersten Tag arbeiten sie bis in den späten Abend. Jeder, der hinzukommt, wird gefragt, wie weit die russischen Truppen vorgedrungen seien. Am zweiten Tag wird das Geschützfeuer lauter, die frisch Entlassenen verschwinden meist eilig aus der Gaststube. Mutter Neunteufel tischt jedem Knödel mit Soße auf. Der Hauptmann, der bei Einbruch der Dunkelheit mit dem Rest der Kompanie aufbrechen will, findet die Knödel so fest und hart, daß er sie mitnehmen möchte, um dem Gegner das Maul zu stopfen.

Häufig lachen sie ohne Grund, umarmen sich, wünschen sich Glück, tätscheln sich die Wangen, sagen sich, wie Zeilen von Gedichten, Adressen; ich sammle ihre Zärtlichkeiten, schäme mich einen Augenblick, atme mit ihnen, lache mit ihnen, bis sie mich allein lassen, wieder ihren erwachsenen Beschäftigungen nachgehen, Schnaps saufen, Koffer oder Tornister packen, Karten studieren, Zigaretten drehen oder Vater sich an das Klavier setzt, »Es geht alles vorüber« spielt oder »Ein Soldat hält Wacht am Wolgastrand« oder »Mammatschi schenk mir ein Pferdchen«, und sie sich die Tränen aus den Augen wischen oder auf die Stühle springen und mitsingen.

Es werden immer weniger. Einer nach dem andern macht sich auf die Socken.

Es wird auch immer stiller. Ich gehe hinaus, setze mich auf den Stein in der Einfahrt. Er ist warm vom Tag. Nur ab und zu fährt ein Lastwagen vorbei. Bald wird die Straße ausgestorben sein.

Es kann sein, daß mich, uns alle, jemand träumt.

Vater muß schon eine Zeitlang neben mir gestanden haben, angelehnt an der Mauer.

Es ist ruhig geworden, sagt er.

Ja, sage ich, es fährt kaum mehr ein Auto vorbei.

So sieht nun der Endsieg aus.

Er ist wieder zu weit weg. Ich wünsche, daß er mich berührt.

Einer der übriggebliebenen Soldaten kommt durch die Einfahrt, nickt Vater zu und hastet die Landstraße hinunter. Wir sehen ihm nach, bis er um die Ecke biegt.

Komm, wir gehen wieder hinein, sagt er, du kannst uns helfen beim Aufräumen.
Seine Hand fährt mir übers Gesicht, will mich streicheln, verteilt die Tränen über Stirn und Backen.

Bevor die russischen Truppen zwei Tage später einmarschierten, zogen wir aus der Stube an der Pawlatschen aus und um in ein großes, leerstehendes Haus jenseits des Zwettl-Flusses. Niemand kann sich erinnern, wer Vater diesen verhängnisvollen Rat gab; für uns bedeutete er vorerst eine etwas unheimliche, doch bequeme Veränderung. Wer das Haus bewohnt hatte, wußten wir nicht; wir hatten uns längst angewöhnt, zu nehmen, was sonst keiner nahm. Bestimmt waren unsere Vorgänger überstürzt geflohen. In ihrer Hast hatten sie Schränke und Schubladen offen stehen gelassen; auf dem Tisch in der Wohnstube fanden wir benutztes Geschirr. Großmutter fühlte sich aufgefordert, für Ordnung zu sorgen, spannte Tante Käthe und Mutter ein.
Die Einrichtung der Wohnung erstaunte uns: Wir waren in ein Bauernhaus geraten, das sich als Fürstensitz ausgab. Alles war zu groß, zu üppig, plusterte sich in Schnitzereien auf: Die Schränke, Kommoden und Stühle, vor allem aber eine riesenhafte Eckbank im Wohnzimmer. Als Vater Lore und mich darauf entdeckte, konnte er sich gar nicht sattsehen: Wir glichen Schneewittchens Zwergen, die es in Krimhilds Wohnstube verschlagen hätte. Er sagte: Unser unbekannter Gastgeber muß ein germanischer Großbauer gewesen

sein, und noch heute stelle ich mir ihn, den ich nie kennengelernt habe, als rosigen Hünen in Seppelhosen vor.

Die Russen kommen, sagte Mutter. Sie sagte diesen Satz, der uns drohend eingebleut worden war, der uns als Warnung vor unausdenkbaren Untaten verfolgen sollte, leicht und verwundert.

Wir liefen zu ihr ans Fenster und sahen ein sonderbar unkriegerisches Bild. Einem Panzer und wenigen Lastwagen, auf denen Soldaten hockten, folgten im Galopp zahllose Pferdewagen; auf ihnen standen, wie Tänzer, Rotarmisten, die Zügel in der Hand, Peitschen schwingend.

Vater sagte: Es ist besser, wir lassen uns nicht sehen.

Erst jetzt fiel mir auf, daß er keine Uniform mehr trug, sondern einen zu weiten grauen Anzug. Ich lief auf die Straße. Als einer der Rotarmisten lachte, winkten wir zaghaft, und als ein anderer uns vom Wagen Weißbrote zuwarf, fing ich einen Laib, rannte ins Haus, um die Beute vorzuführen. Vater schimpfte mich aus.

Wir bereiteten uns auf die Nacht vor. Die Haustür wurde ebenso verschlossen und verriegelt wie die Wohnungstür. Wir drängten uns alle in ein Zimmer, schlugen unsere Lager auf, nur die drei Frauen sollten in dem wiederum für Riesen gezimmerten Doppelbett schlafen.

Lores Weinen weckte mich. Im Zimmer war es finster. Alle waren wach. Vater lief im Zimmer herum.

Vorm Haus wurde gerufen, gebrüllt.

Bleibt still, flüsterte Vater, bleibt liegen.

Es wurde gegen die Tür geschlagen. Wir hörten, wie sie aufbrach. Dann pochten sie gegen die Wohnungstür.

Bitte, bleibt ruhig, sagte Vater.

Großmutter begann pfeifende Töne von sich zu geben.

Es ist besser, du öffnest ihnen, sagte Mutter.

Zu spät, sagte Vater, die Tür ist schon auf.

Die Angst hat ihre Geräusche, sie wiederholen sich in meiner Erinnerung. Plötzlich spürt man die Luft im Raum, hört sich selber.

Sie dringen ins Zimmer ein, machen Licht. Vater steht ihnen gegenüber und hebt die Arme über den Kopf. Er hat sich in der Dunkelheit angezogen. Der Offizier spricht deutsch. Er sagt zu Vater: Kommen Sie. Ich denke: Jetzt nehmen sie ihn mit, jetzt schießen sie ihn um. Ich stehe auf. Vater sagt: Leg dich bitte wieder hin; und ich gehorche ihm. Der Offizier erklärt: Sie müssen uns durchs Haus führen. Wir werden es durchsuchen, nach Waffen durchsuchen. Vater sagt: Aber ich kenne das Haus gar nicht. Den Offizier scheint Vaters Antwort zu vergnügen: So, Sie kennen das Haus gar nicht? Und warum wohnen Sie hier? Sie schieben Vater durch die Tür. Er sagt noch: Ich bitte euch, bleibt ruhig. Wartet bis ich wiederkomme. Ich kann die Angst in seiner Stimme hören.

Ein Rotarmist bleibt bei uns zurück und seine Gegenwart hält uns still. Er ist sehr jung, lächelt manch-

mal und zieht hin und wieder die Schultern hoch, als
wolle er uns mitteilen, daß er nichts verstehe, uns
nicht, den Einbruch ins Haus nicht und auch nicht,
weshalb er hier sitzen müsse.

Ich weiß nicht, wie lange wir auf Vaters Rückkehr
gewartet haben. Ich denke: die ganze Nacht; doch die
gereizte Phantasie wird die Zeit gedehnt haben.

Es ist nichts, sagt der Offizier, als er Vater endlich zu-
rückbringt. Nichts.

Der junge Soldat tritt zum Abschied auf Großmutter
zu, die ängstlich die Decke bis zum Kinn zieht und
sagt freundlich: Babuschka.

Ich bin, als er in der Tür stand, zu Vater gerannt, hab
ihn an der Hand gepackt, festgehalten.

Ich spüre seine Hand. Sie ist feucht und heiß.

Sie sind weg. Wir stehen noch immer nebeneinander,
Hand in Hand.

Ich höre, wie er sagt: Das Schloß ist gesplittert. Ich
werde nachher einen Stuhl gegen die Tür schieben. Er
sagt auch: Oben, in der Wohnung im ersten Stock,
liegt ein Toter, ein Goldfasan, der sich umgebracht
hat. Er sagt: Ich weiß nicht, ob wir jetzt noch schlafen
können. Wir ziehen auf jeden Fall wieder zu Neunteufels.

Er läßt meine Hand los und preßt mich an sich. Er
bebte am ganzen Leib, habe ich in einem Buch gelesen. Er bebt am ganzen Leib.


Es stellte sich heraus, daß der Tote in der oberen
Wohnung der Gauleiter von Niederösterreich, Jury,

war. Er hatte sich, keiner Ausflucht mehr mächtig, mit der Pistole in den Mund geschossen. Am Morgen, ehe wir auszogen, schleppten zwei Männer den Leichnam die Treppe herunter und warfen ihn auf einen Schubkarren. Ich starrte auf die Blutkruste, die einmal das Gesicht gewesen war. Auch die Uniform war voller Blutflecken. Einer der Männer trat den Toten, ohne die Miene zu verziehen, ernst und voller aufgestautem Haß.

Wir zogen wieder in die Stube an der Pawlatschen und nisteten uns so wohnlich wie möglich ein. Vater bekam ein winziges Zimmer für sich. Ich vergaß ihn fast, streunte, sah den Rotarmisten abends bei ihren Festen zu, bekam von ihnen Brot geschenkt, stahl aus ihren Lastwagen Tabak.

Der Wirtschaftsbetrieb bei Neunteufels ging ohne Unterbrechung weiter. Die Knödel gingen nie aus. Manchmal saß Vater, feierlich in seinem Anzug, auf der Pawlatschen und sonnte sich. An den Mahlzeiten nahm er kaum mehr teil. Er ist krank, erklärte Mutter. Womöglich hat er die Ruhr. Er wurde noch dünner und verfiel wieder in sein Schweigen, das mir vertraut war, das ich aber, nach den letzten Wochen, anders verstand.

Ich möchte die Zeit aufhalten, Vater, dich sitzen lassen in der Sonne, möchte wie damals unten im Hof zwischen den abgestellten Lastwagen herumlungern, mich von den Soldaten zum Narren halten lassen und manchmal hinaufschauen zu dir, wie du dich über die hölzerne Brüstung beugst, etwas angestrengt, die Sonne spiegelt sich in deinen Brillengläsern, das Braun deiner Haut hat sich zu einem kranken Gelb verfärbt, ich möchte, daß du die Stiege herunterkommst, ungelenk und vorsichtig wie immer, mit mir weggehst, den Ort und die Zeit wechselst, und daß du mir dann, wenn ich erzähle, ins Wort fällst, mich freundlich zurechtweist: Wie kannst du es wissen, wenn ich es nicht mehr genau weiß, du warst damals doch ein Kind.

Wir haben noch drei Tage. Ich weiß nun mehr, ohne daß du mich berichtigen könntest.

Die Frauen übernahmen wieder die Herrschaft, obwohl sie sich kaum auf der Straße zeigten, die Russen mieden. Sie hockten in den Zimmern zusammen, planten, stellten sich vor, waren schon woanders, in Dresden oder auch wieder in Brünn, nahmen, bevor sie von der Kommandantur als Putz- und Kochfrauen bestellt wurden, von Zwettl so gut wie nichts wahr, entmündigten den kranken Vater, schleppten ihn in ihrer Vorstellung mit wie uns Kinder, lebendiges und manchmal lästiges Gepäck.

Der junge Neunteufel brachte die Neuigkeit, die alles verdarb. In der Stadt habe die Besatzungsmacht Plakate angeschlagen, auf denen sämtliche Männer im Alter zwischen achtzehn und sechzig Jahren aufgefordert würden, sich bis zum Abend des kommenden Tages im Lagerhaus am Fluß zu melden. Wer sich dem Befehl entziehe, müsse mit einer schweren Strafe rechnen.

Der junge Neunteufel verschwand, kaum war er die Nachricht losgeworden. Er sei nicht blöd, er mache sich dünn. Er wolle nicht noch in Gefangenschaft.

Ich habe die Unterhaltungen, die dem folgten, nicht vergessen. Ich kann sie nachreden. Ich höre ihn zum letzten Mal.

Sie haben sich alle in der Gaststube getroffen, Mutter, Vater, Tante Käthe, Großmutter, die alten Neunteufels und Mimi Neunteufel. Sie erwarten, daß er sich entscheide, sich aus dem Staub mache wie der junge Mann, ihm folge, doch er hat sich bereits entschieden. Sie können ihn nicht mehr verstehen, sie fallen über ihn her, es hat den Anschein, als wollten sie ihn schlucken, in sich verstecken.

Er ist ihnen nicht nur fremd, er macht sich fremd. Aber im Grund setzt er nur entschlossen sein Leben fort.

Es ist doch der helle Wahnsinn, sich zu melden.

Das kann sein.

Neunteufels würden dir helfen, glaub es uns.

Ich glaub es euch.

Warum willst du dich unbedingt melden?

Weil es meine Pflicht ist.

Du bist verrückt, Rudi.

Nein, ich bin es nicht.

Du denkst nur an dich.

Auch das stimmt nicht. Ich denke an die, die gar nicht anders können, als sich zu melden.

Aber du! Sie schreien, drücken sich an ihn, möchten ihn am liebsten schlagen wie ein ungezogenes Kind.

Die Ruhe, mit der er ihnen antwortete, hat nicht nachgelassen, sie erreicht mich bis heute.

Hör her, du hast uns zu Neunteufels gebracht. Du kannst uns nicht sitzenlassen.

Ich lasse euch nicht sitzen. Neunteufels werden euch gut versorgen, bis ich zurückkomme.

Das sagst du so.

Was soll ich sonst sagen?

Es ist doch keine Pflicht, sieh es doch ein. Jeder versucht jetzt mit heiler Haut davonzukommen.

Ich auch.

Warum meldest du dich dann?

Ich habe es euch erklärt. Ich will nicht gegen die neuen Gesetze verstoßen.

Du bist ein Feigling.

Vielleicht. Vielleicht bin ich ein Feigling. Aber auch der, der sich nicht stellt, ist ein Feigling.

Willst du uns denn nicht verstehen?

Ich verstehe euch.

Sie reden bis in die Nacht, bis ihre Stimmen heiser sind, bis sie nur noch fähig sind zu weinen, zu murmeln, zu schweigen.

Ich geh schlafen, sagt er und steht mühsam auf.

Du bist krank, sagt Mutter. Du hast eine Entschuldigung.

So krank bin ich nicht. Und bei den Russen gibt es auch Ärzte.

Mutter läuft ihm nach. Ich frage mich, ob sie bei ihm

geschlafen hat, auf der wackligen Liege, ob sie ihn zu überreden versuchte durch die neue Nähe. Bleib hier, bleib bei mir.

Er ging am Nachmittag des nächsten Tages und verbot uns, ihn zu begleiten. Er trug seinen grauen Anzug, denn er gehöre, so erklärte er, nicht mehr der Wehrmacht an, er besitze einen Entlassungsschein. Von jedem einzelnen verabschiedete er sich. Lore nahm er in die Arme, mich nicht. Aber er faßte mit der Hand mein Gesicht, drückte die Finger in meine Wangen und sagte: Paß auf die Frauen auf, Lauser.

Die Frauen besuchten ihn dennoch am nächsten Morgen im Lagerhaus. Dort erfuhren sie, daß die Gefangenen mittags nach Döllersheim abmarschieren würden, in das Lager. Du kannst deinem Vater helfen, sagte Mutter. Versuch, ihm die Medikamente zu geben. Du mußt den Zug nur abpassen.

Ich setze mich auf die steinernen Stufen an der Dreifaltigkeitssäule und warte. Ich spüre meine Kinderknie, die ich zusammendrücke. Der Zug ist bald zu hören, schleifende Schritte, Rufe und Motorengeräusch. Voraus fährt ein Pritschenwagen, auf dem Männer stehen. Unter ihnen kann ich Vater nicht entdecken. Dann laufe ich langsam neben der Kolonne her, lasse Reihe für Reihe an mir vorüber. Er geht in der Mitte, zwischen anderen Männern. Ich rufe. Ich höre mich rufen, bis heute. Es ist die Stimme, die ich manchmal in Träumen habe. Ich halte die Schachtel hoch. Einer der Begleitsoldaten schiebt mich zur Seite. Vater schüttelt den Kopf. Er lächelt. Dann winkt

er. Mutter hat mir aufgetragen, ihm die Tabletten zu-
zuwerfen. Er hat sie nötig. Ein Rotarmist kommt auf
mich zu, drückt mir den Gewehrkolben gegen die
Brust. Ich habe Vater aus den Augen verloren. Er ist
fort.
Daheim belog ich sie dann. Ich habe Vater die Tabletten zugeworfen, sagte ich, aber ich habe sie im Heu
vergraben, in der Scheune.
Nach einem Jahr, wir hatten Zwettl inzwischen verlassen und waren mit einem Flüchtlingstransport in
Nürtingen am Neckar gelandet, erhielten wir die
Nachricht, daß mein Vater am 21. Juli 1945 im Gefangenenlager Döllersheim gestorben sei.

Ich bin dort gewesen, Vater, ich habe aus dem Fenster
der Baracke geschaut, in der du krank gelegen hast.
Ich habe auf ein schwarzes, von Granaten aufgewühl-
tes Land gesehen, eingefaßt von Wäldern. Es war fünf-
undzwanzig Jahre später. Wieder wohnen Soldaten
in den Baracken, wieder üben sie für irgendeinen
Ernstfall, Soldaten des österreichischen Bundeshee-
res. Ich habe dir nachgehen, dich finden wollen. Aber
als man mich nach dir fragte, konnte ich nicht antworten. Ich sah, was du zuletzt gesehen hast, aber es half
mir nicht, daß ich deinen Blick wiederholte. Ich
mußte weiter zurück, wieder die Hand im Nacken
spüren, wieder von deinem Schweigen gedrückt werden, ich mußte aufhören, mich zu wehren und die
Spuren lesen, die du mir hinterlassen hast. Ich fange
an, dich zu lieben. Ich bin älter als du. Ich rede mit

meinen Kindern, wie du nicht mit mir geredet hast, nicht reden konntest. Nun, da ich die Zeit verbrauche, die dir genommen wurde, lerne ich, dich zu verstehen. Kehrtest du zurück, Vater, wie der Mann aus dem Bergwerk von Falun, könntest du mein jüngerer Bruder sein.

# Peter Härtling

*Niembsch oder Der Stillstand*
Roman. 1964. Unveränderte Neuausgabe 1975.
Sammlung Luchterhand Band 189. 4. Auflage.

*Zwettl – Nachprüfung einer Erinnerung*
1973. (Neuauflage in Vorbereitung)

*Eine Frau*
Roman. 1974. 8. Auflage. Leinen.

*Hölderlin*
Ein Roman. 1976. 4. Auflage. Leinen.
1978. Sammlung Luchterhand Band 260.
4. Auflage.

*Hubert oder Die Rückkehr nach Casablanca*
Roman. 1978. 2. Auflage. Leinen.

*Nachgetragene Liebe*
1980. 2. Auflage. Leinen.
1982. Sammlung Luchterhand Band 357.

*Die dreifache Maria*
Eine Geschichte. 1982. Leinen.

# Luchterhand

# Peter Härtling

*Anreden*
Gedichte aus den Jahren 1972 - 1977.
1977. 3. Auflage. Broschiert.

*Ausgewählte Gedichte 1953 - 1979*
1979. Sammlung Luchterhand Band 290.
3. Auflage.

*Meine Lektüre*
Literatur als Widerstand. Aufsätze. 1981.
Herausgegeben von Klaus Siblewski.
Sammlung Luchterhand Band 341.

*Materialienbuch Peter Härtling*
1979. Herausgegeben von Elisabeth und Rolf
Hackenbracht. Sammlung Luchterhand Band 259.

*Zum laut und leise Lesen*
Geschichten und Gedichte für Kinder. 1976.
Neuausgabe 1980. Pappband.

*Du bist Orplid, mein Land!*
Texte von Eduard Mörike und Ludwig Bauer.
Gesammelt und mit einem Nachwort von
Peter Härtling. 1982. Sammlung Luchterhand 389
(erscheint April 1982)

## Luchterhand

## Peter Härtling
## *Die dreifache Maria*

Eine Geschichte

Er hat den Stuhl mitten in die
Stube gerückt, sitzt mit
hängenden Armen da und starrt
auf die Fensternische.
Er denkt an den Mann,
den ein böser Fluch
ins Fensterkreuz bannte
und sieht dessen
dürren, gekrümmten Schatten.

Luchterhand

Eine Geschichte. Leinen. DM 20,–

Die Leidenschaft des jungen Eduard Mörike war
Maria Meyer. Sie hat ihn fasziniert, wie keine Frau
danach. Er hat sie verlassen, aber vergessen konnte er
sie nicht.
Peter Härtlings Geschichte von einem Schriftsteller
der liebt und nichts so sehr fürchtet wie die Liebe.

# Luchterhand

## Sammlung Luchterhand — für kritische Leser
(Eine Auswahl)

## Mut zur Angst – Schriftsteller für den Frieden

Herausgegeben von Ingrid Krüger. Sammlung Luchterhand 415.

Am 20. August 1981 wandten sich 150 Autoren mit dem „Friedensappel der Schriftsteller Europas an die Weltöffentlichkeit. Ihm haben sich Autorenverbände und Autoren aus nahezu sämtlichen west- und osteuropäischen Staaten angeschlossen – ein bisher einzigartiger Akt der Verständigung über alle Grenzen, über den Eisernen Vorhang hinweg. Ein Signal.
Das vorliegende Buch wurde im unmittelbaren Anschluß an diesen Friedensappell konzipiert. Es versammelt Texte deutschsprachiger Autoren aus Ost und West, die geeignet sind, unsere Vorstellungskraft über die Folgen des nuklearen Rüstungswahnsinns zu erweitern. Auch solche, die aus der Friedensbewegung der 50er Jahre stammen, wurden ihrer ungebrochenen Aktualität wegen mit aufgenommen, schließlich eine Reihe der wichtigsten Beiträge von der „Berliner Begegnung zur Friedensförderung", zu der sich auf Einladung Stephan Hermlins ost- und westeuropäische Schriftsteller am 13./14. Dezember 1981 in Ost-Berlin trafen.

Die Autoren:
Herbert Achternbusch, Günter Anders, Alfred Andersch, Jurek Becker, Ernst Bloch, Heinrich Böll, Nicolas Born, Thomas Brasch, Volker Braun, Bert Brecht, Günter de Bruyn, Franz Josef Degenhardt, Bernt Engelmann, Hans Magnus Enzensberger, Ludwig Fels, Gerd Fuchs, Jürgen Fuchs, Franz Fühmann, Erich Fried, Günter Grass, Peter Härtling, Ulla Hahn, Günter Herburger, Stephan Hermlin, Peter Huchel, Hans Henny Jahnn, Karl-Heinz Jakobs, Hermann Kant, Sarah Kirsch, Günter Kunert, Roland Lang, Georg Maurer, Imrtraud Morgner, Michael Scharang, Peter Schneider, Rolf Schneider, Anna Seghers, Dorotheee Sölle, Volker von Törne, Otto F. Walter, Peter Weiss, Christa Wolf.

# Sammlung Luchterhand